# ANSELM VON CANTERBURY

# MONOLOGION

Lateinisch-deutsche Ausgabe
von P. Franciscus Salesius Schmitt O. S. B.
Abtei Wimpfen

Friedrich Frommann Verlag (Günther Holzboog)

Imprimatur

Wimpfen, den 5. März 1964, † Albert Schmitt, Abt

Imprimatur

Mainz, den 2. März 1964, Haenlein, Generalvikar

© Friedrich Frommann Verlag (Günther Holzboog), Stuttgart-Bad Cannstatt 1964
Druck: BoD, Norderstedt

# INHALTSVERZEICHNIS

Vorwort     7

Einführung     9

    Abfassung und Veröffentlichung des Werkes     9

    Titel, Prolog, Kapitelverzeichnis, Themen     10

    Das theologische Programm des Monologion     12

    Ausschluß der Heiligen Schrift als Beweisquelle     13

    Die sola ratio als einzige Beweisquelle     14

    Die rationale Methode und die Trinität     16

    Der Glaube im Monologion     17

    Beurteilung der anselmischen Methode     18

    Sprachliche Gestaltung des Werkes     19

    Zu den Gottesbeweisen des Monologion     19

Monologion/Selbstgespräch     25

# VORWORT

Verleger und Herausgeber sind sich darin einig, daß der lateinisch-deutschen Ausgabe des „Proslogion" des hl. Anselm die des „Monologion" nachfolgen solle. Beide gehören eng zusammen, wie schon ihre Titel zeigen, die aufeinander abgestimmt sind. Freilich wäre die umgekehrte Reihenfolge des Erscheinens die logische gewesen, denn das „Monologion" ist zuerst entstanden und das „Proslogion" erwuchs aus ihm. Doch läßt sich die Voranstellung des „Proslogion" insofern rechtfertigen, als von ihm aus der Zugang zu dem kompakten, inhaltsschweren „Monologion" erleichtert wird.

Diese schier unausschöpfliche Schrift, die nach langen, tiefen Studien und in großer geistiger Konzentration verfaßt wurde und daher ein intensives Nachdenken erfordert, ist bei weitem nicht so bekannt wie das „Proslogion" — mehr als die Hälfte der gesamten Literatur über Anselm ist seinem Argument gewidmet —; und doch verdiente das „Monologion" mehr Beachtung. Ich weiß mich eins mit manchem Kenner Anselms, wenn ich es für sein vollendetstes Werk halte.

Ich darf wohl voraussetzen, daß dem Leser auch die entsprechende Ausgabe des „Proslogion" zur Verfügung steht. So kann ich in der Einführung gegebenenfalls auf das dort Gesagte verweisen.

Für die Übertragung ins Deutsche gelten dieselben Grundsätze wie beim „Proslogion". Ich möchte da an ein Wort des Komponisten Igor Strawinsky (Musikalische Poetik VI) erinnern: „Die Sünde gegen den Geist eines Werkes beginnt immer mit der Sünde gegen den Buchstaben".

P. F. S. Schmitt O. S. B.

# EINFÜHRUNG

## Abfassung und Veröffentlichung des Werkes

Das „Monologion" ist das erste systematische Werk des hl. Anselm, Erzbischofs von Canterbury (†1109). Er verfaßte es im Jahre 1076[1], als er noch Prior in der Benediktinerabtei zu Bec in der Normandie war und die Vierzig wenig überschritten hatte. Als Anlaß zur Abfassung der „Betrachtung", wie er es nennt, gibt er selbst im Prolog das Drängen seiner Mönche an, er möchte doch das, was er in der Unterhaltung mit ihnen „über die Gottheit und einiges andere, das mit einer solchen Betrachtung zusammenhängt", vorgetragen hatte, schriftlich niederlegen. Damit war natürlich nur der letzte Anstoß zur Niederschrift angezeigt. Entferntere Voraussetzung dazu aber war ein langjähriges Studium der Lehre der Väter, besonders des hl. Augustin, und ein selbständiges Überdenken des Überkommenen.

Von der Vollendung des Werkes bis zu seiner Veröffentlichung war indes ein weiter Weg. Da Anselm seine Erstlingsschrift als ein gewagtes Unternehmen empfand, wollte er es seinem ehemaligen Lehrer Lanfrank, seit 1070 Erzbischof von Canterbury, zur Beurteilung vorlegen, ehe er Abschriften davon zuließ. Mehrere Briefe gingen dieserhalb zwischen der Normandie und England hin und her. Es sind uns nur die erhalten, die Anselm selbst schrieb, sei es an Lanfrank oder an den Beccer Mönch Mauritius, der zur Zeit in Canterbury weilte[2]. Der vielbeschäftigte Erzbischof und Staatsmann ließ länger auf eine Antwort warten. Endlich gab er Stellen im Werke an, die Anselm „durch göttliche Autoritäten" stützen solle, da hier Vernunftbeweise versagten. Anselm verteidigte sich mit der Versicherung, er habe nichts gesagt, was sich nicht in der Hl. Schrift oder bei Augustin finde. Hier

brechen unsere Informationen ab. Aber eine uns erhaltene Handschrift, die eine erste Rezension darstellt und nur unwesentliche Abweichungen zeigt, sowie der endgültige Zustand des Werkes belehren uns, daß Anselm nichts verbessert hat, was den Charakter seiner Schrift verändert hätte. Offenbar hat Lanfrank keinen Einspruch mehr gegen die Verbreitung des Werkes erhoben.[3]

### Titel, Prolog, Kapitelverzeichnis, Themen

Der Titel des Werkes hat seine eigene Geschichte. Anselm hatte es Lanfrank ohne Verfassernamen und Titel übersandt mit der Bitte, ihm einen Titel zu geben. Da dieser es nicht tat, nannte es Anselm selbst „Exemplum meditandi de ratione fidei" (Ein Beispiel, wie man über den Grund des Glaubens nachsinnt), ohne seinen Namen anzufügen. Diese erste Überschrift über das Werk hat sich in einigen wenigen Handschriften erhalten. Nachdem bereits das „Proslogion" unter dem Titel „Fides quaerens intellectum" (Glaube, der nach Einsicht sucht) herausgegeben war, nötigte Erzbischof Hugo von Lyon den Autor, beiden Werken seinen Namen voranzusetzen. Bei dieser Gelegenheit gab dieser ihnen einen neuen Titel: „Monoloquium de ratione fidei" und „Alloquium de ratione fidei"; schließlich die rein griechische Form „Monologion" und „Proslogion".[4]

Die Titel „Monologion" und „Proslogion" bezeichnen nicht den Inhalt, sondern die literarische Form der Werke. Das eine, so erklärt Anselm selbst, verfaßte er „in der Rolle eines, der still mit sich überlegend nach dem forscht, was er nicht weiß"; das andere „in der Rolle eines, der es unternimmt, seinen Geist zur Betrachtung Gottes zu erheben, und der zu verstehen sucht, was er glaubt".[5] Die ersten Titel aber, die Anselm den Werken gab, deuten ihr Programm an, auf das wir noch zu sprechen kommen.

Im Prolog berichtet der Autor über den erwähnten Anlaß seines

Werkes. Dann sucht er etwaigen Mißverständnissen vorzubeugen, indem er sich für seine Aufstellungen auf die Väter oder für die Terminologie in der Dreifaltigkeit auf die Griechen beruft. Zum Schluß bittet er, diese Vorrede stets vor das Kapitelverzeichnis zu setzen.

Dieses hat 80 Nummern. Im Text des Werkes ließ Anselm — nach damaligem allgemeinen Gebrauch — die Titel nicht wiederholen, sondern nur durch die betreffende Zahl am Rande den Beginn des jeweiligen Kapitels anzeigen. Wir folgen in unserer Ausgabe diesem Beispiel, um die Kapitelüberschriften, die als ein zusammenhängendes Ganzes verfaßt sind, nicht zu zerreißen; zugleich aber auch um der in dieser Ausgabe gebotenen Raumersparnis willen. Der Inhalt der Kapitel ist von Anselm sehr sorgfältig wiedergegeben, so daß ihr Verzeichnis sehr wohl die Stelle einer knappen Inhaltsangabe vertritt.

Es ist in dem Werke ein gewaltiger Stoff verarbeitet. Die Darstellung ist im allgemeinen gedrängt; doch werden manche Probleme eingehend, zum Teil sogar breit behandelt. Die Themen sind: Gott, sein Dasein, seine Wesenheit, seine Attribute; Gott als Schöpfer, Erhalter und Beherrscher der Welt; als Endziel der vernünftigen Kreatur; Gott in seiner Dreifaltigkeit; ferner die vernünftige Natur; der Mensch als Abbild der höchsten Wesenheit; seine Seelenkräfte (Bewußtsein, Erkennen, Liebe); die Unsterblichkeit der Seele; die künftige ewige Seligkeit oder Verdammnis; Auserwählung; Verdienst und Belohnung; Liebe, Hoffnung, Glaube; ferner das Nichts; Stoff und Gestaltung des Alls; die Ursachen; Zeit und Ewigkeit; Ort und Unendlichkeit; Analogie des Seins. Manche andere Themen werden gestreift.

Das „Monologion" ist der Hauptsache nach eine Theodizee; aber eine Theodizee eigener Art, insofern sie auch die drei göttlichen Personen umfaßt. Daran schließen sich Folgerungen über das Verhältnis des Menschen zu Gott, also eine Ethik in knappen Zügen. Der Gang der Spekulation ist am besten aus dem Kapitelverzeichnis zu ersehen.

## Das theologische Programm des Monologion

Das „Monologion" war Anselms ureigenste Schöpfung. In ihm präg-
te sich sein philosophisch-theologisches Wollen am reinsten aus, ist deshalb auch am besten aus ihm abzulesen. Anselm war zur Abfassung
dieses Werkes durch keinen äußeren Anlaß gezwungen worden, wenn
man von den liebenswürdigen Bitten seiner Schüler absieht. Und wenn
diese ihm „Vorschriften" über Gegenstand, Methode und Darstellungs-
art machten, so waren diese doch sicherlich durch Anselms mündlichen
Vortrag geweckt worden.

Den Stoff seines Werkes verdankt Anselm zum größten Teile dem
ihm kongenialen hl. Augustin. Er fußt auf ihm; er beruft sich auf ihn.
Namentlich war dessen Hauptwerk „De Trinitate" eine reiche Fund-
grube für ihn.[6] Doch bleibt er ihm gegenüber immer selbständig. Es
ließen sich gar manche Punkte aufzählen, wo er von Augustinus ab-
weicht oder zu ihm in Opposition tritt. Wie wir zeigen werden, ist es
vor allem dessen Neuplatonismus, den er nicht in sein Werk aufgenommen hat. Anselm hat vielmehr sein eigenes philosophisches System
aufgebaut. Nirgends tritt das so zutage wie im „Monologion".

Auch in der Art der Darstellung weicht Anselm von seinem Meister
ab. Anstelle der breiten, weitschweifenden Erörterungen setzt er eine
dichte, systematisch aufgebaute Abhandlung.

Aber das völlig Neue, durch das sich das „Monologion" von den Schriften Augustins unterscheidet, ist seine wissenschaftliche Methode. Diese
ist im Prolog ausgesprochen. Es wurde Anselm von seinen Mitbrüdern
vorgeschrieben, daß in der Betrachtung „gar nichts mit dem Ansehen der
Schrift glaubhaft gemacht würde, sondern daß das, was durch die einzelnen Untersuchungen hindurch der Schluß behauptet, sich so verhalte,
... sowohl die Notwendigkeit der Vernunftüberlegung in Kürze zwingend mache als auch die Klarheit der Wahrheit offen aufzeige".[7]

Das Programm des „Monologion" besteht also negativ im Ausschluß der Hl. Schrift als Beweisquelle und positiv in der bloßen Ver-
wendung von Vernunftgründen für den Beweis.

## Ausschluß der Hl. Schrift als Beweisquelle

In der Christenheit galt als erste Quelle für den Glauben und für die Glaubenswissenschaft stets die Hl. Schrift. Daneben spielte die rationale Begründung eine zweitrangige Rolle. Auch bei Augustin, dem Höhepunkt der okzidentalen Theologie, gehen Schrift- und Vernunftbeweis nebeneinander her. Es blieb dem hl. Anselm vorbehalten, als erster Schrift- und Vernunftbeweis radikal zu trennen und seine Theologie allein auf Vernunftbeweisen aufzubauen. Es war das ein kühnes Unterfangen, das dazu mit großer Konsequenz zur Ausführung kam.

Warum der Ausschluß der Offenbarungsquelle? Weil der Beweis geführt werden sollte, daß das, was uns die Schrift lehrt, vernunftgemäß sei. Das konnte nicht wieder durch die Schrift geschehen, sondern dazu bedurfte es des anderen Beweismittels, der Vernunft. Das „Monologion" will eine Glaubensbegründung sein. Es ist ein apologetisches Werk erster Ordnung.

Wenn Anselm die Hl. Schrift als Quelle seiner Spekulation ausschließt: welche Bewandtnis hat es dann mit den Schriftstellen, auf die wir im „Monologion" hinweisen? Wenn wir den etwa 20 Zitaten nachgehen, sehen wir, daß es sich nur um Anspielungen handelt, die in den Text verwoben wurden, ohne als Schriftstellen gekennzeichnet, geschweige als Beweise herangezogen zu werden. Diese Stellen wurden sämtlich auf spekulativem Wege gewonnen, sind aber mit dem Wortlaut von Schriftstellen so in Einklang gebracht worden, daß sie stillschweigend zu einer Apologie der Hl. Schrift werden: schon auf rein natürlichem Wege, auf dem Wege der Vernunft, kommt man zu den Ergebnissen dessen, was die Hl. Schrift auf dem Offenbarungswege lehrt. So erweist sich diese als glaubwürdig. Das etwa ist der Sinn der sparsamen Schriftzitate im „Monologion".[8]

## Die sola ratio als einzige Beweisquelle

Wenn Anselm zur Charakterisierung seiner Methode im „Monologion" die Ausdrücke „notwendige Vernunftüberlegung" (rationis necessitas; Prolog), „durch die Vernunft allein" (sola ratione; Anfang des 1. Kapitels) und „durch notwendige Gründe" (rationibus necessariis; „Epistola de incarnatione Verbi" über „Monologion" und „Proslogion") gebraucht, so hat er damit eindeutig die bloße Vernunft als einzige Quelle seiner Theologie bezeichnet (Für die ausführliche Erörterung des anselmischen Programms verweisen wir auf die Einführung zur „Proslogion"-Ausgabe).

Anselm will zu den Glaubenswahrheiten durch bloße Vernunftüberlegung gelangen. Er will auf diese Weise ihre Tatsächlichkeit, ihr „Daß" beweisen und bis zu einem gewissen Grade auch ihr „Wie" begründen. Die Grenzen für die Einsicht in das „Wie" sind in den Kapiteln 64 und 65 angegeben, in denen aber zugleich die Möglichkeit rationaler — wenn auch nur analoger — Gotteserkenntnis betont wird.

Um seine Absicht folgerichtig durchführen zu können, versetzt sich der Autor in einen Menschen, der an nichts glaubt, nicht einmal an das Dasein Gottes. Aus dem so bedeutsamen programmatischen Anfang des 1. Kapitels geht eindeutig Anselms Überzeugung hervor, daß ein Ungläubiger sich von den Glaubenswahrheiten ohne Hilfe der Offenbarung Rechenschaft ablegen könne. Methodisch sieht Anselm von seinem eigenen Glauben ab und sucht das, was er glaubt, Stück für Stück mit bloßer Verstandesüberlegung zu erarbeiten. Es geschieht dies aus einer doppelten apologetischen Absicht heraus: den Ungläubigen zu widerlegen und damit zu gleicher Zeit den Gläubigen durch die Einsicht in die Vernünftigkeit des Glaubens zu erfreuen (Siehe auch hierüber die „Proslogion"-Einführung).

Dieses sein Programm hat Anselm im „Monologion" mit einer wissenschaftlichen Akribie, die ihresgleichen sucht, verwirklicht. Nichts wird vorausgesetzt — außer einem gesunden Menschenverstand. Jeder

Satz wird bewiesen oder aus bereits Bewiesenem gefolgert. Daher die vielen Begründungswörter, mit denen beinahe jeder Satz eingeleitet wird, wie quia, quoniam, cum, nam, enim, etenim, quippe, ergo, igitur, itaque, necesse est etc. (die in einer Übersetzung natürlich nicht vernachlässigt werden dürfen). Für die Konsequenz seiner rationalen Methode zeugt die Häufigkeit der Worte ratio, necessitas, veritas und ähnlicher Ausdrücke. Allein in den ersten 4 Kapiteln finden sie sich etwa ein dutzendmal. So entstand im „Monologion" ein kompaktes, lückenlos geschlossenes System, das von einer einzigartigen dialektischen Kraft zeugt.

Für das logische, schrittweise Vorgehen möge die Einführung des Begriffes „Gott" als Beispiel dienen. Der Name „Gott" taucht erst im letzten Kapitel auf. Im Anfang erscheint Gott als „ein Etwas", das Ursache der guten Dinge ist und als solche ein hohes Gut sein müsse. Es ist das höchst Gute und höchst Große und überhaupt das höchst Seiende, d. i. das Höchste von allem, was es gibt (K. 1—2). In K. 3 wird dafür der Name Wesenheit oder Substanz oder Natur eingesetzt. Die drei Bezeichnungen werden dann immer, und zwar promiscue, gebraucht. Nachdem in K. 27 nachgewiesen wurde, daß diese Wesenheit individueller Geist ist, wird sie fortan höchster Geist genannt. Nach K. 42, in dem gezeigt wird, daß der höchste Geist und der von ihm Gezeugte Vater und Sohn sind, werden diese beiden Namen angewandt. Nach Einführung der Liebe, der dritten göttlichen Person, wird wieder vom höchsten Geist ausgegangen (K. 49—53). Von K. 54 an wird von Vater und Sohn und der Liebe (bzw. von K. 59 an vom Geiste) gesprochen. Nach Abschluß der Lehre von den drei göttlichen Personen und bei Behandlung des Verhältnisses von Gott zum Menschen kehren die Ausdrücke Wesenheit oder Natur oder höchster Geist wieder (K. 66—76). In K. 80 endlich wird gesagt, daß dieser höchsten Wesenheit allein im eigentlichen Sinne der Name „Gott" beigelegt wird.

Mit ähnlicher mathematischer Präzision erfolgt die Einführung der Personen in der Trinität — erst in K. 42 wird von Vater und Sohn, in

K. 49 von der dritten Person gesprochen — und der Begriff der Trinität selbst, der erst im drittletzten Kapitel aufscheint.

### Die rationale Methode und die Trinität

In der rationalen Erforschung der Glaubenswahrheiten macht Anselm keinen Unterschied zwischen sogenannten „natürlichen" und „übernatürlichen" Wahrheiten. Nach dem Einleitungssatz im 1. Kapitel ist unterschiedslos „das, was wir von Gott oder seiner Schöpfung glauben", mit der Vernunft erfaßbar.

In der Tat macht Anselm keine Zäsur, wo er — nach unserem heutigen Sprachgebrauch — von De Deo uno zu De Deo trino übergeht. Nicht nur deutet er mit keinem Worte an, daß wir jetzt ein Gebiet betreten, wo die Vernunft in der Spekulation nicht weiterkommen kann; im Gegenteil, er beruft sich an drei wichtigen Stellen eigens auf die Vernunft. In K. 12, wo er den ersten Teil über das Sprechen der höchsten Wesenheit, also über die zweite göttliche Person, abschließt, sagt er ausdrücklich: „Da aber, *wie die Vernunft lehrt*, in gleicher Weise sicher ist, daß alles, was die höchste Substanz gemacht hat, ... durch ihr inneres Sprechen gemacht hat ... ". In K. 29, wo er dieses Thema wieder aufgreift, heißt es: „ ... obwohl alles, was ich über es (das Sprechen) anmerken konnte, *die unbeugsame Kraft der Vernunft* festhält ... ". Eine ähnliche Stelle im 37. Kapitel, wo bereits das „Wort" für das Sprechen eingesetzt ist, heißt: „Aber da *die obigen Vernunftgründe* offensichtlich lehren, daß der höchste Geist durch sein Wort alles gemacht hat ... ".

### Der Glaube im Monologion

Was aber bedeuten die Stellen im „Monologion", in denen von „Glaube" und „glauben" die Rede ist? Wenn Glaube, dann nicht Vernunft. Doch besehen wir diese Stellen in ihrem Zusammenhang.

K. 64 zeigt uns, daß wir wohl die Tatsache der Glaubenswahrheiten mit der Vernunft feststellen können, aber nicht immer imstande sind, ihr *Wie* zu erklären. Dann heißt es weiter: „ . . . man darf jenen Dingen nicht deshalb weniger Glaubensgewißheit schenken, die *durch zwingende Beweise,* ohne daß ein anderer Vernunftgrund dagegen spricht, behauptet werden, wenn sie sich ob der Unbegreiflichkeit ihrer natürlichen Erhabenheit nicht erklären lassen". Aus diesen Worten geht einwandfrei hervor, daß es sich hier nicht um den übernatürlichen Glauben handelt, der in der Offenbarung seinen Grund hat, sondern um den natürlichen Glauben, der auf zwingenden Beweisgründen beruht. Weil die Tatsache der Wahrheiten feststeht, sind sie anzunehmen, auch wenn die Einsicht in das *Wie* fehlt. Eben wegen dieses Geheimnischarakters ist der Glaube am Platz.

Die Kapitel 76—78 handeln vom Glauben als Voraussetzung der notwendigen Liebe und Hoffnung. Im besonderen wird dargetan, daß man an die drei Personen in der höchsten Wesenheit glauben muß und daß der Glaube an sie ohne Liebe tot und unnütz ist. Da mit keiner Silbe gesagt ist, daß es sich hier um die übernatürlichen göttlichen Tugenden handelt, gilt der bisherige rationale Beweisgang. Die Termini „Glaube" und „glauben" bedeuten im „Monologion" einen durch reine Vernunftüberlegung gewonnenen Glauben. Anselm beweist somit auf rationalem Wege die Notwendigkeit eines Vernunftglaubens an Glaubensgeheimnisse.

*Beurteilung der anselmischen Methode*

Die anselmische Methode war ein Novum. Ein solches Unternehmen, ohne Zuhilfenahme einer Autorität, nur durch die Vernunft die Glaubensdaten über Gott — mit Einschluß der Trinität — zu erschließen, hatte noch niemand in der Christenheit versucht. Es entsprang nicht nur der Überzeugung, daß Glaube und Vernunft sich nicht widerstreiten, sondern setzte auch ein Übermaß von Vertrauen in die Kraft der natürlichen Vernunft voraus.

Anselm war sich der Fragwürdigkeit dieses Vorgehens keineswegs bewußt, noch haben es seine Zeitgenossen beanstandet. Niemand wird ihm in Anbetracht der Zeitumstände wegen seines exzessiven rationalen Systems einen Vorwurf machen. Für seine Person war Anselm weit entfernt, Rationalist im tadelnden Sinne zu sein. Er hat sich innerlich keinen Augenblick vom Glauben gelöst. Hinter ihm stand als Regulativ die „höhere Autorität" der Hl. Schrift. Nur methodisch schließt er diese, wie gesagt, beim Beweise aus. Aber er verlor sie bei seiner Spekulation keinen Moment aus dem Auge.

Trotz dieses methodischen Fehlers hat Anselm die spekulative Theologie in wesentlichen Punkten gefördert. Daß er sich nicht mit der Ratio theologica für die einzelnen Dogmen begnügte, sondern die Glaubensbegründung von Grund aus anfaßte, konnte dafür nur von Vorteil sein. Die kommende Scholastik, voran der hl. Thomas, hat Anselms rationale Methode in die „orthodoxen" Bahnen gelenkt. Der Ehrentitel eines „Vaters der Scholastik" ist ihm aber darum, daß er als erster eine systematische Begründung der Glaubensdaten anstrebte, mit vollem Rechte zuteil geworden.

## Sprachliche Gestaltung des Werkes

Die Mönche, die Anselm zu seinem Werke nötigten, gaben ihm auch Anweisungen für die Darstellungsweise. Sie verlangten „klare Schreibart, gemeinverständliche Beweise und schlichte Erörterungen". Anselm hat ihre Wünsche mehr als erfüllt. Das „Monologion" ist ein beachtliches Werk auch durch seine Diktion. Diese ist dem ruhigen Flusse des Werkes, das sich als eine „Betrachtung" vorstellt, durchaus angemessen. Das „Monologion" ist zwar nicht im Kunststil, den Anselm für seine „Gebete und Betrachtungen" geschaffen und in den Gebetsteilen des „Proslogion" angewendet hat, aber doch in gehobenem Stil und mit gepflegter Sprache verfaßt. Schöne Übergänge von einem zum anderen Problem, geistvolle Gegenüberstellungen, maßvoll gebrauchte Wortspiele, kunstvolle Perioden, einzelne treffende Bilder und Beispiele, die Personifikation des Nichts, das im Werke eine breitere Behandlung findet: all das mildert die Spröde des philosophischen Stoffes und macht die Lektüre des Werkes auch von dieser Seite her zu einem hohen geistigen Genuß.

## Zu den Gottesbeweisen des Monologion

Auf den Inhalt des „Monologion" einzugehen, erlaubt uns der Raum nicht, aber ein klärendes Wort muß zur Natur der Gottesbeweise der Kapitel 1—4 gesagt werden. Weit weniger als das Argument des „Proslogion" sind die Gottesbeweise des „Monologion" Gegenstand der Diskussion. Im Gegensatz zu dem apriorischen („ontologischen") Beweis, dessen Gültigkeit weithin in Frage gestellt wird, gehen die Beweise des „Monologion" von der Erfahrung aus, von den guten Dingen dieser Welt, die alle kennen und anerkennen, und leiten somit die Gottesbeweise der kommenden Scholastik ein, vornehm-

lich die „fünf Wege" des Thomas von Aquin. Während aber Thomas seine Beweise sämtlich von Vorgängern übernimmt — der berühmte vierte Weg, von der Stufenleiter des Seins, stammt aus dem 4. Kapitel des „Monologion" —, sind die des hl. Anselm original. Nur der erste wurde von Augustin angeregt.

Dies mag die fast allgemeine Ansicht veranlaßt haben, die „Monologion"-Beweise beruhten auf platonisch-neuplatonischen Gedankengängen augustinischer Prägung. Ein Vergleich jedoch mit Augustin und eine eingehende Prüfung der anselmischen Texte belehren uns, daß diese Auffassung einer Korrektur bedarf. Anselm hat sich im Gegenteil — trotz manches Gleichklangs in den Termini — von dem augustinischen Platonismus freizumachen gesucht und seine Beweise auf eine ganz neue Grundlage gestellt. Wir können den Nachweis für diese These in dieser kurzen Einführung nicht ins einzelgehende antreten, sondern müssen uns begnügen, die wichtigsten Ergebnisse unserer Untersuchungen darüber anzugeben.

Anselms Beweis des 1. Kapitels ist zweifellos von Augustins „De Trinitate", Buch 8, Kap. 3⁹ angeregt worden. Ich gebe die wichtigste Stelle daraus wieder. Nach einer längeren Schilderung von guten Dingen heißt es: „Doch warum soll ich noch mehr aufzählen? Dieses Gut und jenes Gut? Nimm ‚dieses' und ‚jenes' weg und schau das Gut selbst, wenn du kannst, so wirst du Gott schauen, der nicht durch ein anderes Gut gut ist, sondern Gut eines jeglichen Gutes".

Augustin kommt in einem direkten Schritt von diesem oder jenem Gut zum Guten selbst. Bei ihm wird der Begriff des Guten hypostasiert; indem ‚dieses' und ‚jenes' weggelassen wird, bleibt das Gute als solches zurück, und das ist Gott. Das ist platonische Auffassung. Anselm dagegen schließt nicht von den einzelnen Gütern auf das Gute selbst, um damit schon am Ziele zu sein. Er fragt vielmehr nach der *Ursache, durch die* (illud, unde; unum aliquid, per quod) alle Güter gut sind. Sein Weg geht nicht unmittelbar auf das *eine* Gute, sondern er fragt vielmehr, ob es *eine* oder *mehrere* Ursachen sind, durch die die verschiedenen Dinge gut sind. Wenn das Gute als solches die Ursache der einzelnen

Güter wäre, könnte es nur *eine* sein, und die Frage nach mehreren Ursachen wäre sinnlos.

Es ist ferner zu beachten, daß Anselm nicht fragt, ob es ein oder mehrere *Güter* sind, durch die die einzelnen Güter gut sind, sondern, ob es *ein Etwas* (unum aliquid) ist, oder ob je andere Güter durch *etwas anderes (per aliud)* gut sind. So auch in K. 3, wo die beiden ersten Kapitel rekapituliert werden: „Schließlich ist nicht nur alles Gute durch dasselbe *Etwas* gut und alles Große durch dasselbe *Etwas* groß". Anselm weicht hier dem Begriff des Guten aus und schließt erst später, daß die Ursache von so vielem Guten ein hohes Gut sein müsse, und kommt erst auf diesem Umwege zum Begriff des höchst Guten und höchst Großen und Höchsten von allem, was ist, als der Ursache der guten Dinge.

Das höchst Gute ist aber bei Anselm nicht in platonischer Weise Exemplarursache der Welt, wie oft angenommen wird, sondern Wirkursache. Das hat Anselm in K. 6 dargetan, wo er den Begriff „durch etwas" (per aliquid), der in den ersten Kapiteln immer gebraucht wird, expliziert. Er zählt dort sämtliche Arten von Ursachen, die er kennt, auf: die Wirkursache, die Materialursache und die Instrumentalursache. In K. 7 werden die beiden letzteren Ursachen für die Erschaffung der Welt durch die höchste Wesenheit ausgeschlossen und die Wirkursächlichkeit bejaht: die höchste Wesenheit hat alles aus dem Nichts hervorgebracht. Eine bloße Exemplarursächlichkeit hat hier keinen Platz.

Des weiteren nehmen fast alle Autoren an, daß in den ersten vier Kapiteln der Gedanke der Teilhabe (participatio) der guten Dinge am Guten selbst eine erste Rolle spiele. Das trifft für Augustin zu, der an dem zitierten Orte zweimal diesen Terminus anwendet: „ . . . wenn du ohne die Güter, welche *durch Teilhabe am Guten* gut sind, das Gute selbst, *durch dessen Teilhabe* sie gut sind, erschauen kannst . . . " Anselm dagegen hat diesen Gedanken geflissentlich vermieden — wenn er irgendwo am Platze gewesen wäre, dann hier —, wie er überhaupt in seinen Beweisen alle platonischen Elemente, die sich bei Augustin

finden, ausgeschieden hat. So sagt dieser an derselben Stelle, daß uns der Begriff des Guten eingeprägt (impressa) wäre. Diese Lehre von eingeprägten Ideen hat Anselm nicht übernommen. Desgleichen nicht, daß wir Gott selbst im Guten selbst schauen (s. oben). Jeder Ontologismus liegt Anselm fern.

Wenn Anselm in seinem „Monologion" sämtliche platonischen Gedankengänge in Augustins Darstellung, von der er doch unzweifelhaft angeregt wurde, übergeht, so ist das kein zufälliges Schweigen, sondern man muß wohl eher annehmen, daß er Augustin bewußt entplatonisiert hat.

Wenn die Gottesbeweise nicht auf platonisch-augustinischen Anschauungen beruhen, stellt sich die Frage nach ihren tatsächlichen Voraussetzungen. Nach einer sorgfältigen Prüfung der Texte ergeben sich vor allem Erfahrungstatsachen, grammatikalische und sprachpsychologische Beobachtungen, der Common sense, Sätze und Axiome, die von selber einleuchten und keiner weiteren Begründung mehr bedürfen, logische Folgerungen als die Elemente seines Beweisverfahrens. Die philosophischen Grundbegriffe, wie Wesenheit, Existenz, Natur, Substanz, Akzidens, Universale, Individuum, Relation etc., entstammen den logischen Schriften des Aristoteles, die er — über Boethius — zum Teil kennt ( und in „De grammatico" und in „Cur Deus homo" zitiert). Wenn daher Anselm einem der beiden, Plato oder Aristoteles, zugehören soll, dann eher dem Aristoteles.

Anselm war der erste, der einen wissenschaftlichen Gottesbeweis versucht hat. Wir sahen, daß der erste Ansatz dazu von Augustin inspiriert wurde. Wenn wir aber die zitierte Stelle in ihrem Zusammenhang lesen, wird uns klar, daß Augustin dort keinen schlüssigen Gottesbeweis intendierte. Einen solchen Beweis, der allen philosophischen Anforderungen entspricht, zu liefern, ist Anselms eigene, ursprüngliche Idee. Er wollte in seiner Spekulation über Gott vollständig voraussetzungslos vorgehen. Deshalb mußte er zuerst die Existenz Gottes nachweisen, ehe er auf sein Wesen eingehen konnte.

Der lateinische Originaltext ist meiner Gesamtausgabe der Werke des hl. Anselm (S. Anselmi Opera omnia), Bd. I (Seckau 1938; Edinburgh 1942) entnommen. Den dort vorangestellten Brief Anselms an Lanfrank konnten wir in dieser Ausgabe übergehen, da er dem Prolog gegenüber nichts Neues enthält. Deutsche Übersetzungen des „Monologion" sind die etwas freie von R. Allers (Anselm von Canterbury, Leben, Lehre, Werke, Wien 1936) und die von B. Barth (in dem von A. Stolz herausgegebenen Buche „Anselm v. C.", München 1937), durch die ich manche Anregung erhielt.

### Neuere Literatur:

Vignaux P., *Structure et sens du Monologion*, Rev. Sciences Philos. et Théolog. 31 (1947), S. 192—212. — *Note sur le chapitre LXX Du Monologion*, Rev. du Moyen-Age latin 3 (1947), S. 321—334.

Antweiler A., *Anselm v. C.; Monologion und Proslogion*, Scholastik 8 (1933), S. 551—560.

Miano V., *Gli argomenti del Monologion e la quarta via di s. Tommaso*, Divus Thomas (Piacenza) 54 (1951), S. 20—32.

Perino R., *La Dottrina trinitaria di s. Anselmo nel quadro del suo metodo teologico del suo concetto di Dio*, Studia Anselmiana 29, Roma 1952.

Bütler A., *Die Seinslehre des hl. Anselm v. C.*, Ingenbohl 1959.

Vagaggini C., *La hantise des „rationes necessariae" de s. Anselme dans la théologie des processions trinitaires de s. Thomas*, Spicilegium Beccense I, Paris 1959, S. 103—139.

Mazzella P., *Il pensiero speculativo di s. Anselmo d'Aosta*, Padova 1962.

# ANMERKUNGEN

1. Siehe F. S. Schmitt, *Zur Chronologie der Werke des hl. Anselm v. C., Revue Bénédictine* 44 (1932), S. 322—350.
2. Es sind die Briefe 72, 74, 77 in der Edition von Schmitt; I, 63, 65, 68 in Migne, *Patrologia Latina* 158.
3. Siehe F. S. Schmitt, *Les corrections de s. Anselme à son Monologion, Rev. Bénédictine* 50 (1938), S. 194—205.
4. Die beiden Wörter sind eine Neubildung durch Anselm, der des Griechischen kaum mächtig war. Sie finden sich in dieser Form oder in dieser Bedeutung in keinem griechischen Lexikon. Näheres darüber s. F. S. Schmitt, *S. Anselmo d'Aosta, Il Proslogion, le Orazioni e le Meditazioni*, Padova 1959, S. 30 ff.
5. So im Vorwort zum „Proslogion". In dem zum „Monologion" selber hat er es so formuliert: „... in der Rolle eines, der mit sich durch bloßes Nachdenken das erörtert und erforscht, was er früher nicht beachtet hatte".
6. In meiner Ausgabe der *Opera omnia* Anselms kann man die Parallelstellen bei Augustin einsehen.
7. Im späteren Werke „Epistola de incarnatione Verbi", 1094 vollendet, charakterisiert Anselm in ähnlicher Weise das „Monologion" und „Proslogion" als Schriften, „die hauptsächlich dazu verfaßt wurden, daß das, was wir über die göttliche Natur und ihre Personen ... im Glauben festhalten, durch notwendige Gründe, ohne die Autorität der Schrift, bewiesen werden kann ... ".
8. Ähnliches gilt übrigens — mutatis mutandis — von den zahlreichen Schriftstellen im „Proslogion".
9. Migne, *Patrologia Latina* 42, 949 ff.

# MONOLOGION

# SELBSTGESPRÄCH

*

*Ed. F. S.*
*Schmitt,*
*S. Anselmi*
*Opera*
*omnia*
*Vol. I, p. 7*

Quidam fratres saepe me studioseque precati sunt, ut quaedam, quae illis de meditanda divinitatis essentia et quibusdam aliis huiusmodi meditationi cohaerentibus usitato sermone colloquendo protuleram, sub quodam eis meditationis exemplo describerem. Cuius scilicet scribendae meditationis magis secundum suam voluntatem quam secundum rei facilitatem aut meam possibilitatem hanc mihi formam praestituerunt: quatenus auctoritate scripturae penitus nihil in ea persuaderetur, sed quidquid per singulas investigationes finis assereret, id ita esse plano stilo et vulgaribus argumentis simplicique disputatione et rationis necessitas breviter cogeret et veritatis claritas patenter ostenderet. Voluerunt etiam, ut nec simplicibus paeneque fatuis obiectionibus mihi occurrentibus obviare contemnerem.

Quod quidem diu tentare recusavi atque me cum re ipsa comparans multis me rationibus excusare tentavi. Quanto enim id quod petebant, usu sibi optabant facilius, tanto illud mihi actu iniungebant difficilius. Tandem tamen victus cum precum modesta importunitate tum studii eorum non contemnenda honestate, invitus quidem propter rei difficultatem et ingenii mei imbecillitatem, quod precabantur incepi, sed libenter propter eorum caritatem, quantum potui, secundum ipsorum definitionem effeci.

*Op. omnia*
*p. 8*

Ad quod cum ea spe sim adductus, ut, quidquid facerem, illis solis a quibus exigebatur, esset notum, et paulo post eisdem idipsum ut vilem rem fastidientibus contemptu esset obruendum — scio enim me in eo non tam precantibus satisfacere potuisse, quam precibus me prosequentibus finem posuisse —: nescio tamen quo pacto sic praeter spem evenit,

# PROLOG

Etliche Brüder baten mich oft und eindringlich, ich möchte ihnen einiges, was ich ihnen über die Betrachtung der Wesenheit der Gottheit und über einiges andere, das mit einer solchen Betrachtung zusammenhängt, in der Umgangssprache mich (mit ihnen) unterhaltend vorgetragen hatte, als eine Art Beispiel für eine Betrachtung aufschreiben. Für die Abfassung dieser Betrachtung schrieben sie mir, mehr ihrem Willen gemäß als der Leichtigkeit der Sache oder meinem Können gemäß, diese Form vor: daß in ihr gar nichts mit dem Ansehen der Schrift glaubhaft gemacht würde, sondern daß das, was durch die einzelnen Untersuchungen hindurch der Schluß behauptet, sich so verhalte, in klarer Schreibart und mit gemeinverständlichen Beweisen und in schlichter Erörterung sowohl die Notwendigkeit der Vernunftüberlegung in Kürze zwingend mache als auch die Klarheit der Wahrheit offen aufzeige. Sie wollten auch, daß ich auch einfältigen und beinahe albernen Einwänden, die mir beifielen, zu begegnen nicht verschmähe.

Das nun zu versuchen, habe ich mich lange gesträubt und, mich mit dieser Sache vergleichend, mit vielen Gründen mich zu entschuldigen gesucht. Denn je leichter sie sich das, was sie erbaten, im Gebrauch wünschten, desto schwieriger bürdeten sie mir das in der Ausführung auf. Endlich jedoch, besiegt sowohl durch den bescheidenen Ungestüm ihrer Bitten als auch durch die nicht zu verachtende Ehrenhaftigkeit ihres Eifers, begann ich — widerstrebend zwar ob der Schwierigkeit der Sache und der Schwäche meines Geistes —, was sie erbaten, führte es aber gerne um ihrer Liebe willen, so gut ich es vermochte, ihrer Bestimmung gemäß aus.

Als ich mich dazu durch die Hoffnung verleiten ließ, es werde, was immer ich machen würde, denen allein, von denen es gefordert wurde, bekannt bleiben und müsse bald darauf von eben diesen, wenn sie daran als an einer wertlosen Sache Widerwillen empfänden, mit Verachtung bestraft werden — denn ich weiß, daß ich damit nicht so sehr die Bittsteller befriedigen konnte, als vielmehr den mich verfolgenden

ut non solum praedicti fratres, sed et plures alii scripturam ipsam quisque sibi eam transcribendo in longum memoriae commendare satagerent.

Quam ego saepe retractans nihil potui invenire me in ea dixisse, quod non catholicorum patrum et maxime beati Augustini scriptis cohaereat. Quapropter si cui videbitur, quod in eodem opusculo aliquid protulerim, quod aut nimis novum sit aut a veritate dissentiat: rogo, ne statim me aut praesumptorem novitatum aut falsitatis assertorem exclamet, sed prius libros praefati doctoris Augustini *De Trinitate* diligenter perspiciat, deinde secundum eos opusculum meum diiudicet. Quod enim dixi summam Trinitatem posse dici tres substantias, Graecos secutus sum, qui confitentur tres substantias in una persona eadem fide, qua nos tres personas in una substantia. Nam hoc significant in Deo per substantiam, quod nos per personam.

Quaecumque autem ibi dixi, sub persona secum sola cogitatione disputantis et investigantis ea, quae prius non animadvertisset, prolata sunt, sicut sciebam eos velle, quorum petitioni obsequi intendebam.

Precor autem et obsecro vehementer, si quis hoc opusculum voluerit transcribere: ut hanc praefationem in capite libelli ante ipsa capitula studeat praeponere. Multum enim prodesse puto ad intelligenda ea quae ibi legerit, si quis prius, qua intentione quove modo disputata sint, cognoverit. Puto etiam quod, si quis hanc ipsam praefationem prius viderit, non temere iudicabit, si quid contra suam opinionem prolatum invenerit.

Bitten ein Ende bereitete —: da geschah es jedoch, ich weiß nicht wie, so wider Erwarten, daß nicht nur die genannten Brüder, sondern auch viele andere sich bemühten, diese Schrift, indem sie ein jeder für sich abschrieb, für lange der Nachwelt zu überliefern.

Obwohl ich diese oft überdachte, konnte ich nicht entdecken, darin etwas gesagt zu haben, was nicht mit den Schriften der katholischen Väter und besonders des seligen Augustinus zusammenhängt. Wenn es daher jemandem dünken wird, ich hätte in diesem Werkchen etwas vorgebracht, was allzu neu sei oder von der Wahrheit abweiche, so bitte ich, er möge mich nicht sogleich als einen verschreien, der sich Neuheiten anmaßt oder Falsches behauptet, sondern zuvor die Bücher des genannten Lehrers Augustin „Über die Dreifaltigkeit"[1] genau durchgehen und dann nach ihnen mein Werkchen beurteilen. Denn wenn ich behaupte *(in Kap. 79)*, die höchste Dreifaltigkeit könne drei Substanzen genannt werden, so bin ich den Griechen gefolgt, die drei Substanzen in *einer* Person mit demselben Glauben bekennen, wie wir drei Personen in *einer* Substanz. Denn sie bezeichnen in Gott das mit „Substanz", was wir mit „Person".

Alles aber, was ich dort sagte, wurde in der Rolle eines, der mit sich durch bloßes Nachdenken das erörtert und erforscht, was er früher nicht beachtet hatte, vorgebracht, so wie ich wußte, daß die es wollten, deren Bitte zu willfahren ich bestrebt war.

Ich bitte aber und beschwöre mit Nachdruck, daß, wenn einer dieses Werkchen abschreiben will, er dieses Vorwort an den Anfang des Büchleins, vor den Kapiteln selbst, zu setzen bedacht sei. Denn ich glaube, daß es einem sehr förderlich zum Verständnis dessen, was er dort gelesen, sein wird, wenn er vorher erfahren hat, in welcher Absicht und mit welcher Methode es erörtert wurde. Ich glaube auch, daß einer, wenn er vorher dieses Vorwort gesehen hat, nicht unbesonnen urteilen wird, sollte er etwas finden, was gegen seine eigene Meinung vorgebracht wurde.

1. Migne, *Patrologia Latina* 42, 819 ff.

# CAPITULA

*Op. omnia*
*p. 9*

    I Quod sit quiddam optimum et maximum et summum omnium quae sunt.

   II De eadem re.

  III Quod sit quaedam natura, per quam est quidquid est, et quae per se est, et est summum omnium quae sunt.

  IV De eadem re.

   V Quod, sicut illa est per se et alia per illam, ita sit ex se et alia ex illa.

  VI Quod illa non sit ulla iuvante causa ducta ad esse, nec tamen sit per nihil aut ex nihilo; et quomodo intelligi possit esse per se et ex se.

 VII Quomodo omnia alia sint per illam et ex illa.

VIII Quomodo intelligendum sit, quia fecit omnia ex nihilo.

  IX Quod ea quae facta sunt de nihilo, non nihil erant, antequam fierent, quantum ad rationem facientis.

   X Quod illa ratio sit quaedam rerum locutio, sicut faber prius apud se dicit quod facturus est.

  XI Quod tamen multa sit in hac similitudine dissimilitudo.

 XII Quod haec summae essentiae locutio sit summa essentia.

XIII Quod, sicut omnia per summam essentiam facta sunt, ita vigeant per ipsam.

XIV Quod illa sit in omnibus et per omnia, et omnia sint ex illa et per illam et in illa. |

*Op. omnia*
*p. 10*

 XV Quid possit aut non possit dici de illa substantialiter.

# DIE KAPITEL

1. Daß es ein Bestes und Größtes und Höchstes von allem gibt, was ist.

2. Über dieselbe Sache.
3. Daß es eine Natur gibt, durch die ist, was immer ist, und die durch sich ist und die das Höchste von allem ist, was ist.

4. Über dieselbe Sache.
5. Daß sie, wie sie durch sich ist und das andere durch sie, so aus sich ist und das andere aus ihr.
6. Daß sie nicht mit Hilfe irgendeiner Ursache zum Sein gebracht wurde und doch nicht durch nichts oder aus nichts ist; und wie man verstehen kann, daß sie durch sich und aus sich ist.
7. Auf welche Weise alles andere durch sie und aus ihr ist.
8. Wie zu verstehen ist, daß sie alles aus nichts gemacht hat.

9. Daß das, was aus dem Nichts gemacht wurde, nicht nichts war, bevor es wurde, sofern es das Denken dessen angeht, der es gemacht hat.
10. Daß jenes Denken eine Art von Sprechen der Dinge ist, so wie ein Künstler vorher bei sich spricht, was er machen will.
11. Daß jedoch in dieser Ähnlichkeit viel Unähnlichkeit ist.

12. Daß dieses Sprechen der höchsten Wesenheit die höchste Wesenheit ist.
13. Daß alles, wie es durch die höchste Wesenheit geschaffen wurde, so durch sie Bestand hat.
14. Daß sie in allem und durch alles ist und alles aus ihr und durch sie und in ihr ist.
15. Was von ihr wesenhaft ausgesagt werden kann und was nicht.

XVI Quod idem sit illi esse iustam, quod est esse iustitiam; et eodem modo de iis, quae similiter de illa dici possunt; et quod nihil horum monstret, qualis illa vel quanta sit, sed quid sit.

XVII Quod ita sit simplex, ut omnia quae de eius essentia dici possunt, unum idemque in illa sint, et nihil de ea dici possit substantialiter nisi in eo quod quid est.

XVIII Quod sit sine principio et sine fine.

XIX Quomodo nihil fuit ante aut erit post illam.

XX Quod illa sit in omni loco et tempore.

XXI Quod in nullo sit loco aut tempore.

XXII Quomodo sit in omni et in nullo loco et tempore.

XXIII Quomodo melius intelligi possit esse ubique quam in omni loco.

XXIV Quomodo melius intelligi possit esse semper quam in omni tempore.

XXV Quod nullis mutabilis sit accidentibus.

XXVI Quomodo illa dicenda sit esse substantia, et quod sit extra omnem substantiam, et singulariter sit quidquid est.

XXVII Quod non contineatur in communi tractatu substantiarum, et tamen sit substantia et individuus spiritus.

XXVIII Quod idem spiritus simpliciter sit, et creata illi comparata non sint.

XXIX Quod eius locutio idipsum sit quod ipse, nec tamen sint duo, sed unus spiritus.

XXX Quod eadem locutio non constet pluribus verbis, sed sit unum verbum.

XXXI Quod ipsum verbum non sit similitudo factorum, sed veritas essentiae, facta vero sint ali-

16. Daß für sie gerecht sein dasselbe ist wie die Gerechtigkeit sein; und daß es sich ebenso verhält mit dem, was in ähnlicher Weise von ihr ausgesagt werden kann; und daß nichts von dem zeigt, wie beschaffen oder wie groß sie ist, sondern was sie ist.

17. Daß sie so einfach ist, daß alles, was über ihr Wesen gesagt werden kann, in ihr ein- und dasselbe ist; und daß nichts von ihr wesenhaft ausgesagt werden kann, außer in dem Sinne des Was-Seins.

18. Daß sie ohne Anfang und ohne Ende ist.

19. Wie nichts vor ihr war oder nach ihr sein wird.

20. Daß sie an jedem Orte und zu jeder Zeit ist.

21. Daß sie an keinem Orte und zu keiner Zeit ist.

22. Auf welche Weise sie an jedem und keinem Orte und zu jeder und keiner Zeit ist.

23. Wie besser verstanden werden kann, daß sie überall ist als an jedem Orte.

24. Wie besser verstanden werden kann, daß sie immer ist als zu jeder Zeit.

25. Daß sie durch keine Akzidenzien veränderlich ist.

26. Inwiefern sie Substanz zu nennen ist; und daß sie außerhalb jeder Substanz ist; und daß sie auf einzigartige Weise ist, was immer sie ist.

27. Daß sie nicht enthalten ist in dem allgemeinen Traktat von den Substanzen, und dennoch Substanz und individueller Geist ist.

28. Daß dieser Geist schlechthin ist und das Geschaffene mit ihm verglichen nicht ist.

29. Daß sein Sprechen dasselbe ist wie er, und dennoch nicht zwei sind, sondern *ein* Geist.

30. Daß dieses Sprechen nicht aus mehreren Worten besteht, sondern *ein* Wort ist.

31. Daß dieses Wort nicht eine Ähnlichkeit des Geschaffenen ist, sondern die Wahrheit des Wesens, das Geschaffene hingegen eine Art

qua veritatis imitatio; et quae naturae magis sint quam aliae et praestantiores.

XXXII Quod summus spiritus seipsum dicat coaeterno verbo.

XXXIII Quod uno verbo dicat se et quod fecit.

XXXIV Quomodo suo verbo videri possit dicere creaturam.

XXXV Quod, quidquid factum est, in eius verbo et scientia sit *vita et veritas.*

Io 1, 3s.;
14, 6
XXXVI Quam incomprehensibili modo dicat vel sciat res a se factas. |

*Op. omnia*
*p. 11*
XXXVII Quod, quidquid ipse est ad creaturam, hoc sit et verbum eius; nec tamen ambo simul pluraliter.

XXXVIII Quod dici non possit, quid duo sint, quamvis necesse sit esse duos.

XXXIX Quod idem verbum sit a summo spiritu nascendo.

XL Quod verissime ille sit parens et illud proles.

XLI Quod ille verissime gignat, illud gignatur.

XLII Quod alterius verissime sit esse genitorem et patrem, alterius genitum et filium.

XLIII Retractatio communionis amborum et proprietatum singulorum.

XLIV Quomodo alter alterius sit essentia.

1 Co 1, 24
XLV Quod aptius dici possit filius essentia patris quam pater filii; et quod similiter sit filius patris virtus et sapientia et similia.

XLVI Quomodo quaedam ex iis quae sic proferuntur, aliter quoque possint intelligi.

XLVII Quod filius sit intelligentia intelligentiae et veritas veritatis et similiter de similibus.

XLVIII Quod in memoria intelligatur pater, sicut in

von Nachahmung der Wahrheit; und welche Naturen mehr und vorzüglicher sind als andere.

32. Daß der höchste Geist sich selbst durch das gleichewige Wort spricht.

33. Daß er durch *ein* Wort sich und, was er gemacht hat, spricht.

34. Wie es scheinen kann, daß er durch sein Wort die Schöpfung spricht.

35. Daß, was immer geschaffen wurde, in seinem Wort und Wissen Leben und Wahrheit ist.

36. Auf wie unbegreifliche Weise er die von ihm geschaffenen Dinge spricht oder weiß.

37. Daß, was immer er zur Schöpfung ist, das auch sein Wort ist; jedoch nicht beide zugleich in der Mehrzahl.

38. Daß nicht gesagt werden kann, was „zwei" sie sind, obwohl es notwendig ist, daß sie zwei sind.

39. Daß dieses Wort vom höchsten Geiste durch Geborenwerden stammt.

40. Daß jener im wahrsten Sinne Elter ist und dieses Kind.

41. Daß jener im wahrsten Sinne zeugt, dieses gezeugt wird.

42. Daß es im wahrsten Sinne dem einen zukommt, Erzeuger und Vater zu sein, dem anderen Gezeugter und Sohn.

43. Nochmalige Erwägung der Gemeinsamkeit beider und der Eigentümlichkeiten der einzelnen.

44. Wie der eine die Wesenheit des anderen ist.

45. Daß passender der Sohn die Wesenheit des Vaters als der Vater die des Sohnes genannt wird; und daß ähnlich der Sohn des Vaters Kraft und Weisheit und ähnliches ist.

46. Wie einiges von dem, was auf diese Weise vorgebracht wird, auch anders verstanden werden kann.

47. Daß der Sohn die Erkenntnis der Erkenntnis und die Wahrheit der Wahrheit ist; und ähnlich von ähnlichem.

48. Daß unter dem Bewußtsein der Vater verstanden wird, wie unter

intelligentia filius; et quomodo filius sit intelligentia vel sapientia memoriae et memoria patris et memoriae.

XLIX Quod summus spiritus se amet.

L Quod idem amor pariter procedat a patre et filio.

LI Quod uterque pari amore diligat se et alterum.

LII Quod tantus sit ipse amor, quantus est summus spiritus.

LIII Quod idem amor sit idipsum quod est summus spriritus, et tamen ipse cum patre et filio unus spiritus.

LIV Quod totus procedat a patre, totus a filio, et tamen non sit nisi unus amor.

LV Quod non sit eorum filius.

LVI Quod solus pater sit genitor et ingenitus, solus filius genitus, solus amor nec genitus nec ingenitus.

LVII Quod amor idem sic sit increatus et creator sicut pater et filius, et tamen ipse cum illis non tres, sed unus increatus et unus creator; et quod idem possit dici spiritus patris et filii. |

*Op. omnia*
*p. 12*
LVIII Quod, sicut filius est essentia vel sapientia patris eo sensu, quia habet eandem essentiam vel sapientiam quam pater, sic idem spiritus sit patris et filii essentia et sapientia et similia.

LIX Quod pater et filius et eorum spiritus pariter sint in se invicem.

LX Quod nullus eorum alio indigeat ad memorandum vel intelligendum vel amandum, quia singulus quisque est memoria et intelligentia et amor et quidquid necesse est inesse summae essentiae.

der Erkenntnis der Sohn; und auf welche Weise der Sohn die Erkenntnis oder Weisheit des Bewußtseins und das Bewußtsein **des**
Vaters und des Bewußtseins ist.

49. Daß der höchste Geist sich liebt.
50. Daß diese Liebe in gleicher Weise vom Vater und Sohne ausgeht.

51. Daß jeder von beiden mit gleicher Liebe sich und den andern liebt.
52. Daß diese Liebe so groß ist wie der höchste Geist.

53. Daß diese Liebe dasselbe ist, was der höchste Geist ist, und dennoch
    mit dem Vater und dem Sohne *ein* Geist.

54. Daß sie ganz vom Vater ausgeht, ganz vom Sohne, und dennoch
    nur *eine* Liebe ist.
55. Daß sie nicht ihr Sohn ist.
56. Daß der Vater allein Erzeuger und ungezeugt ist, der Sohn allein
    gezeugt, die Liebe allein weder gezeugt noch ungezeugt.

57. Daß diese Liebe so ungeschaffen und Schöpfer ist wie der Vater und
    der Sohn, und dennoch mit ihnen nicht drei, sondern *ein* Unge-
    schaffener und *ein* Schöpfer; und daß sie der Geist des Vaters und
    des Sohnes genannt werden kann.
58. Daß, wie der Sohn die Wesenheit oder die Weisheit des Vaters ist
    in dem Sinne, daß er dieselbe Wesenheit oder Weisheit hat wie der
    Vater, so dieser Geist die Wesenheit und die Weisheit und Ähn-
    liches des Vaters und des Sohnes ist.
59. Daß der Vater und der Sohn und ihr Geist gleicherweise in ein-
    ander sind.
60. Daß keiner von ihnen des anderen bedarf zum Bewußtwerden oder
    Erkennen oder Lieben, weil jeder einzelne Bewußtsein und Er-
    kenntnis und Liebe ist und was immer der höchsten Wesenheit not-
    wendig innewohnt.

LXI Quod tamen non sint tres, sed unus seu pater seu filius sive utriusque spiritus.

LXII Quomodo ex his multi filii nasci videantur.

LXIII Quomodo non sit ibi nisi unus unius.

LXIV Quod hoc, licet inexplicabile sit, tamen credendum sit.

LXV Quomodo de ineffabili re verum disputatum sit.

LXVI Quod per rationalem mentem maxime accedatur ad cognoscendum summam essentiam.

LXVII Quod mens ipsa speculum eius et imago eius sit.

LXVIII Quod rationalis creatura ad amandum illam facta sit.

LXIX Quod anima semper illam amans aliquando vere beate vivat.

LXX Quod illa se amanti seipsam retribuat.

LXXI Quod illam contemnens aeterne misera sit.

LXXII Quod omnis humana anima sit immortalis.

LXXIII Quod aut semper misera aut aliquando vere beata sit.

LXXIV Quod nulla anima iniuste privetur summo bono; et quod omnino ad ipsum nitendum sit.

LXXV Quod summa essentia sit speranda.

LXXVI Quod credendum sit in illam.

LXXVII Quod in patrem et filium et eorum spiritum pariter et in singulos et simul in tres credendum sit.

LXXVIII Quae sit viva et quae mortua fides.

LXXIX Quid tres summa essentia quodammodo dici possit.

LXXX Quod ipsa dominetur omnibus et regat omnia et sit solus Deus.

61. Daß jedoch nicht drei sind, sondern einer, sei es Vater oder Sohn oder beider Geist.
62. Wie aus ihnen scheinbar viele Söhne geboren werden.
63. Inwiefern da nur einer des einen (Sohn) ist.
64. Daß das, obgleich es unerklärlich ist, dennoch geglaubt werden muß.
65. Wie über die unaussprechliche Sache Wahres erörtert wurde.

66. Daß man durch den vernünftigen Geist am meisten an die Erkenntnis der höchsten Wesenheit herankommt.
67. Daß dieser Geist ihr Spiegel und ihr Abbild ist.
68. Daß das vernünftige Geschöpf sie zu lieben geschaffen wurde.

69. Daß die Seele, die sie immer liebt, einmal wahrhaft selig lebt.

70. Daß jene der sie liebenden (Seele) sich selbst zum Lohne schenkt.
71. Daß die jene verachtende ewig unglücklich sein wird.
72. Daß jede menschliche Seele unsterblich ist.
73. Daß sie entweder immer unglücklich oder einmal wahrhaft selig ist.
74. Daß keine Seele ungerechterweise des höchsten Gutes beraubt wird; und daß nach diesem durchaus gestrebt werden muß.
75. Daß die höchste Wesenheit erhofft werden muß.
76. Daß man an sie glauben muß.
77. Daß man in gleicher Weise an den Vater und den Sohn und ihren Geist und an jeden einzelnen und an die drei zusammen glauben muß.
78. Welcher Glaube lebendig und welcher tot ist.
79. Was „drei" die höchste Wesenheit irgendwie genannt werden kann.

80. Daß diese über alles herrscht und alles lenkt und der alleinige Gott ist.

# 1.

Si quis unam naturam, summam omnium quae sunt, solam sibi in aeterna sua beatitudine sufficientem, omnibusque rebus aliis hoc ipsum, quod aliquid sunt aut quod aliquomodo bene sunt, per omnipotentem bonitatem suam dantem et facientem, aliaque perplura, quae de Deo sive de eius creatura necessarie credimus, aut non audiendo aut non credendo ignorat: puto quia ea ipsa ex magna parte, si vel mediocris ingenii est, potest ipse sibi saltem sola ratione persuadere.

Quod cum multis modis facere possit, unum ponam, quem illi aestimo esse promptissimum. Etenim cum omnes frui solis iis appetant quae bona putant: in promptu est, ut aliquando mentis oculum convertat ad investigandum illud, unde sunt bona ea ipsa, quae non appetit, nisi quia iudicat esse bona, ut deinde ratione ducente et illo prose-

quente ad ea quae irrationabiliter ignorat, rationabiliter | proficiat.

In quo tamen, sie quid dixero quod maior non monstret auctoritas: sic volo accipi ut, quamvis ex rationibus quae mihi videbuntur, quasi necessarium concludatur, non ob hoc tamen omnino necessarium, sed tantum sic interim videri posse dicatur.

Facile est igitur ut aliquis sic secum tacitus dicat: Cum tam innumerabilia bona sint, quorum tam multam diversitatem et sensibus corporeis experimur et ratione mentis discernimus: estne credendum esse unum aliquid, per quod unum sint bona quaecumque bona sunt, an sunt bona alia per aliud?

Certissimum quidem et omnibus est volentibus advertere perspicuum quia, quaecumque dicuntur aliquid ita, ut

# 1.

Wenn einer die *eine* Natur, die höchste von allem, was ist, die allein sich in ihrer ewigen Seligkeit genügt und durch ihre allmächtige Güte allen anderen Dingen dies gibt und bewirkt, daß sie etwas sind oder daß sie sich irgendwie wohl befinden, und vieles andere mehr, was wir von Gott und seiner Schöpfung notwendig glauben, nicht kennt — sei es, daß er nicht von ihr gehört hat oder daß er nicht an sie glaubt —: so meine ich, daß er sich selbst von dem zum großen Teil, wenn er auch nur von mittelmäßiger Begabung ist, wenigstens durch die bloße Vernunft überzeugen kann.

Obgleich er das auf viele Weise tun kann, will ich *eine* vorlegen, die ich für ihn für die nächstliegende halte. Da nämlich alle nur das zu genießen anstreben, was sie für gut halten, so liegt es nahe, daß er einmal das Auge seines Geistes zur Erforschung dessen hinwendet, von dem eben das gut ist, was er nur anstrebt, weil er es für gut erachtet, damit er dann, unter der Führung der Vernunft und unter dem Geleit jenes[1] zu dem, was er unvernünftigerweise nicht weiß, vernünftigerweise fortschreite.

Wenn ich dabei jedoch etwas behaupte, was nicht eine höhere Autorität lehrt, so will ich es so aufgenommen wissen: obwohl das, was mir aus Vernunftgründen, die mir gut scheinen werden, als notwendig erschlossen wird, so soll es deshalb doch nicht als durchaus notwendig behauptet werden, sondern nur, daß es einstweilen so scheinen könne.

Es ist also naheliegend, daß einer im stillen so mit sich spricht: Da es so unzählige Güter gibt, deren so vielfache Verschiedenheit wir mit den körperlichen Sinnen erfahren und mit der Vernunft des Geistes unterscheiden: ist da zu glauben, daß es *ein* Etwas ist, durch welches Eine gut ist, was immer gut ist, oder sind je andere Dinge durch je ein anderes gut?

Es ist ja ganz gewiß und allen, die aufmerken wollen, einleuchtend, daß, welche Dinge immer als etwas so ausgesagt werden, daß sie zu

1. Bezieht sich auf das, von dem gut ist, was er anstrebt.

ad invicem magis vel minus aut aequaliter dicantur: per aliquid dicuntur, quod non aliud et aliud, sed idem intelligitur in diversis, sive in illis aequaliter sive inaequaliter consideretur. Nam quaecumque iusta dicuntur ad invicem, sive pariter sive magis vel minus, non possunt intelligi iusta nisi per iustitiam, quae non est aliud et aliud in diversis. Ergo cum certum sit quod omnia bona, si ad invicem conferantur, aut aequaliter aut inaequaliter sint bona, necesse est, ut omnia sint per aliquid bona, quod intelligitur idem in diversis bonis, licet aliquando videantur bona dici alia per aliud.

Per aliud enim videtur dici bonus equus, quia fortis est, et per aliud bonus equus, quia velox est. Cum enim dici videatur bonus per fortitudinem et bonus per velocitatem, non tamen idem videtur esse fortitudo et velocitas. Verum si equus, quia est fortis aut velox, idcirco bonus est: quomodo fortis et velox latro malus est? Potius igitur, quemadmodum fortis et velox latro ideo malus est, quia noxius est, ita fortis et velox equus idcirco bonus est, quia utilis est. Et quidem nihil solet putari bonum, nisi aut propter aliquam utilitatem, ut bona dicitur salus et quae saluti prosunt, aut propter quamlibet honestatem, sicut pulchritudo aestimatur bona et quae pulchritudinem iuvant. Sed *Op. omnia* *p. 15* quoniam iam perspecta ratio nullo | potest dissolvi pacto, necesse est omne quoque utile vel honestum, si vere bona sunt, per idipsum esse bona, per quod necesse est esse cuncta bona, quidquid illud sit.

Quis autem dubitet illud ipsum, per quod cuncta sunt bona, esse magnum bonum? Illud igitur est bonum per seipsum, quoniam omne bonum est per ipsum. Ergo consequitur, ut omnia alia bona sint per aliud quam quod ipsa sunt, et ipsum solum per seipsum. At nullum bonum, quod

einander mehr oder weniger oder gleich ausgesagt werden, durch etwas ausgesagt werden, das nicht als ein anderes, sondern als dasselbe in den verschiedenen Dingen verstanden wird, mag es in ihnen gleich oder ungleich gesehen werden. Denn welche Dinge immer zueinander gerecht genannt werden, sei es in gleichem Maße oder mehr oder weniger: sie können nur durch die Gerechtigkeit, die nicht jeweils etwas anderes in verschiedenen Dingen ist, als gerecht verstanden werden. Da es also sicher ist, daß alle guten Dinge, wenn sie miteinander verglichen werden, entweder gleich oder ungleich gut sind, ist es notwendig, daß alle durch etwas gut sind, das als dasselbe in den verschiedenen guten Dingen verstanden wird, mag es auch manchmal scheinen, als ob je andere gute Dinge durch etwas anderes gut genannt werden.

Denn durch etwas anderes scheint ein Pferd gut genannt zu werden, weil es stark ist, und durch etwas anderes ein Pferd gut, weil es schnell ist. Denn da es gut genannt zu werden scheint wegen der Stärke und gut wegen der Schnelligkeit, so scheint Stärke und Schnelligkeit doch nicht dasselbe zu sein. Wenn aber das Pferd deshalb gut ist, weil es stark oder schnell ist: wieso ist dann ein starker und schneller Räuber schlecht? Es ist also vielmehr, gleichwie ein starker und schneller Räuber deshalb schlecht ist, weil er schädlich ist, so ein starkes und schnelles Pferd deshalb gut, weil es nützlich ist. Es pflegt nämlich nichts für gut zu gelten außer wegen eines Nutzens, wie die Gesundheit und was ihr nützt, gut genannt wird, oder wegen eines Vorzuges, wie die Schönheit und was zur Schönheit beiträgt, als gut geschätzt wird. Aber weil der bereits durchschaute Vernunftgrund auf keine Weise entkräftet werden kann, so ist es notwendig, daß auch alles Nützliche oder Vorzügliche, wenn es wahrhaft Güter sind, durch dasselbe gut ist, durch das notwendig alles gut ist, was immer dies auch sei.

Wer aber könnte zweifeln, daß eben das, durch das alles gut ist, ein großes Gut ist? Dieses ist also gut durch sich selbst, weil alles Gute durch es ist. Mithin folgt, daß alle anderen Dinge durch etwas anderes, als was sie selbst sind, gut sind und dieses allein durch sich selbst. Aber kein Gut, das durch ein anderes gut ist, ist gleich oder größer als das

per aliud est, aequale aut maius est eo bono, quod per se est bonum. Illud itaque solum est summe bonum, quod solum est per se bonum. Id enim summum est, quod sic supereminet aliis, ut nec par habeat nec praestantius. Sed quod est summe bonum, est etiam summe magnum. Est igitur unum aliquid summe bonum ·et summe magnum, id est, summum omnium quae sunt.

## 2.

Quemadmodum autem inventum est aliquid esse summe bonum, quoniam cuncta bona per unum aliquid sunt bona, quod est bonum per seipsum, sic ex necessitate colligitur aliquid esse summe magnum; quoniam quaecumque magna sunt, per unum aliquid magna sunt, quod magnum est per seipsum. Dico autem non magnum spatio, ut est corpus aliquod; sed quod quanto maius tanto melius est aut dignius; ut ·est sapientia. Et quoniam non potest esse summe magnum nisi id, quod est summe bonum, necesse est aliquid esse maximum et optimum, id est summum omnium quae sunt.

## 3.

Denique non solum omnia bona per idem aliquid sunt bona, et omnia magna per idem aliquid sunt magna, sed quidquid est, per unum aliquid videtur esse. Omne namque quod est, aut est per aliquid aut per nihil. Sed nihil est per nihil. Non enim vel cogitari potest, ut sit aliquid non per | aliquid. Quidquid est igitur, non nisi per aliquid est.

Quod cum ita sit, aut est unum aut sunt plura, per quae

*Op. omnia*
*p. 16*

Gut, das durch sich selbst gut ist. Das also ist allein höchst gut, was allein durch sich gut ist. Denn das ist das Höchste, was das andere so überragt, daß es weder etwas Ebenbürtiges noch Vortrefflicheres hat. Was aber höchst gut ist, ist auch höchst groß. Es ist also *ein* Etwas höchst gut und höchst groß, das heißt das Höchste von allem, was ist.


## 2.

Wie aber gefunden wurde, daß etwas höchst gut ist, weil alles Gute durch *ein* Etwas gut ist, das durch sich selbst gut ist, so wird mit Notwendigkeit geschlossen, daß etwas höchst groß ist, weil alles, was groß ist, durch *ein* Etwas groß ist, das durch sich selbst groß ist. Ich spreche aber nicht von einem räumlich Großen, wie es der Körper ist, sondern von dem, das, je größer es ist, umso besser oder würdiger ist, wie die Weisheit. Und weil höchst groß nur das sein kann, was höchst gut ist, so ist es notwendig, daß etwas das Größte und Beste ist, das heißt das Höchste von allem, was ist.


## 3.

Schließlich ist nicht nur alles Gute durch dasselbe Etwas gut und alles Große durch dasselbe Etwas groß, sondern was immer ist, scheint durch *ein* Etwas zu sein. Denn alles, was ist, ist entweder durch etwas oder durch nichts. Aber nichts ist durch nichts. Es läßt sich nämlich nicht einmal denken, daß etwas nicht durch etwas sei. Alles, was ist, ist durch etwas.

Da es sich so verhält, so ist es entweder *eines* oder es sind mehrere,

sunt cuncta quae sunt. Sed si sunt plura, aut ipsa referuntur ad unum aliquid, per quod sunt, aut eadem plura singula sunt per se, aut ipsa per se invicem sunt. At si plura ipsa sunt per unum, iam non sunt omnia per plura, sed potius per illud unum, per quod haec plura sunt. Si vero ipsa plura singula sunt per se, utique est una aliqua vis vel natura existendi per se, quam habent, ut per se sint. Non est autem dubium, quod per id ipsum unum sint, per quod habent, ut sint per se. Verius ergo per ipsum unum cuncta sunt, quam per plura, quae sine eo uno esse non possunt.

Ut vero plura per se invicem sint, nulla patitur ratio, quoniam irrationabilis cogitatio est, ut aliqua res sit per illud, cui dat esse. Nam nec ipsa relativa sic sunt per invivem. Cum enim dominus et servus referantur ad invicem, et ipsi homines, qui referuntur, omnino non sunt per invicem, et ipsae relationes quibus referuntur, non omnino sunt per invicem, quia eaedem sunt per subiecta. Cum itaque veritas omnimodo excludat plura esse per quae cuncta sint, necesse est unum illud esse, per quod sunt cuncta quae sunt.

Quoniam ergo cuncta quae sunt, sunt per ipsum unum, procul dubio et ipsum unum est per seipsum. Quaecumque igitur alia sunt, sunt per aliud, et ipsum solum per seipsum. At quidquid est per aliud, minus est quam illud, per quod cuncta sunt alia, et quod solum est per se. Quare illud quod est per se, maxime omnium est. Est igitur unum aliquid, quod solum maxime et summe omnium est. Quod autem maxime omnium est, et per quod est quidquid est bonum vel magnum et omnino quidquid aliquid est: id necesse est esse summe bonum et summe magnum et summum omnium quae sunt. Quare est aliquid, quod, sive essentia sive substantia sive natura dicatur, optimum et maximum est et summum omnium quae sunt.

durch die alles ist, was ist. Sind es aber mehrere, so sind sie entweder auf ein einziges Etwas zurückzuführen, durch das sie sind, oder diese Mehreren sind jedes einzelne durch sich, oder sie sind durch sich gegenseitig. Aber wenn diese Mehreren durch *eines* sind, dann ist nicht mehr alles durch mehrere, sondern vielmer durch jenes *Eine,* durch das diese Mehreren sind. Wenn aber diese Mehreren jedes einzeln durch sich sind, so ist natürlich eine einzige Kraft oder Natur, durch sich zu bestehen, die sie haben, um durch sich zu sein. Es besteht aber kein Zweifel, daß sie durch dieses *Eine* sind, durch das sie haben, daß sie durch sich sind. Mit mehr Wahrheit also ist alles durch dieses *Eine,* als durch mehrere, die ohne dies *Eine* nicht sein können.

Daß aber mehrere Dinge durch sich gegenseitig seien, duldet keine Vernunftüberlegung, weil es ein unvernünftiger Gedanke ist, daß ein Ding durch das sei, dem es das Sein gibt. Denn nicht einmal die relativen Dinge sind so durch einander. Wenn nämlich der Herr und der Knecht aufeinander bezogen werden, so sind diese Menschen, die bezogen werden, durchaus nicht durch einander und die Beziehungen selbst, durch die sie bezogen werden, sind nicht durchaus durch einander, weil diese durch ihre Subjekte sind. Da also die Wahrheit durchaus ausschließt, daß es mehrere sind, durch die alles ist, so ist es notwendig, daß es *eines* ist, durch das alles ist, was ist.

Weil also alles, was ist, durch dieses Eine ist, so ist ohne Zweifel auch dieses Eine durch sich selbst. Was immer es also anderes gibt, ist durch ein anderes und es allein durch sich selbst. Alles aber, was durch ein anderes ist, ist weniger als das, durch das alles andere ist und das allein durch sich selbst ist. Deshalb ist das, was durch sich ist, am meisten von allem. Es gibt also *ein* Etwas, das allein am meisten und höchsten von allem ist. Was aber am meisten von allem ist und durch das ist, was immer gut und groß ist und überhaupt was immer etwas ist, das ist notwendigerweise höchst gut und höchst groß und das Höchste von allem, was ist. Deshalb gibt es etwas, das, mag es Wesenheit oder Substanz oder Natur genannt werden, das Beste und Größte ist und das Höchste von allem, was ist.

# 4.

Amplius. Si quis intendat rerum naturas, velit nolit sentit non eas omnes contineri una dignitatis paritate, sed *Op. omnia*\
*p. 17* quasdam earum distingui | graduum imparitate. Qui enim dubitat quod in natura sua ligno melior sit equus, et equo praestantior homo, is profecto non est dicendus homo. Cum igitur naturarum aliae aliis negari non possint meliores, nihilominus persuadet ratio aliquam in eis sic supereminere, ut non habeat se superiorem. Si enim huiusmodi graduum distinctio sic est infinita, ut nullus ibi sit gradus superior, quo superior alius non inveniatur, ad hoc ratio deducitur, ut ipsarum mulitudo naturarum nullo fine claudatur. Hoc autem nemo non putat absurdum, nisi qui nimis est absurdum. Est igitur ex necessitate aliqua natura, quae sic est alicui vel aliquibus superior, ut nulla sit cui ordinetur inferior.

Haec vero natura quae talis est, aut sola est aut plures eiusmodi et aequales sunt. Verum si plures sunt et aequales: cum aequales esse non possint per diversa quaedam, sed per idem aliquid, illud unum per quod aequaliter tam magnae sunt, aut est idipsum quod ipsae sunt, id est ipsa earum essentia, aut aliud quam quod ipsae sunt. Sed si nihil est aliud quam ipsa earum essentia: sicut earum nihil est aliud quam ipsa erarum essentia: sicut earum essentiae non sunt plures, sed una, ita et naturae non sunt plures, sed una. Idem namque naturam hic intelligo quod essentiam. Si vero id, per quod plures ipsae naturae tam magnae sunt, aliud est quam quod ipsae sunt, pro certo minores sunt quam id, per quod magnae sunt. Quidquid enim per aliud est magnum, minus est quam id, per quod est magnum. Quare non sic sunt magnae, ut illis nihil sit maius aliud.

## 4.

Weiter: Wenn einer auf die Naturen der Dinge achtet, so nimmt er wahr — ob er will oder nicht will —, daß sie nicht alle in *einer* Gleichheit der Würde enthalten sind, sondern manche von ihnen sich durch Ungleichheit von Rangstufen unterscheiden. Wer nämlich zweifelt, daß das Pferd seiner Natur nach besser ist als das Holz und der Mensch vorzüglicher als das Pferd, der ist wahrhaftig nicht Mensch zu nennen. Wenn nun unleugbar von den Naturen die einen besser sind als die anderen, so überzeugt uns trotzdem die Vernunft, daß eine unter ihnen so hervorragt, daß sie über sich keine höhere hat. Denn wenn die Unterscheidung solcher Rangstufen so unendlich ist, daß da kein höherer Rang ist, über dem sich nicht ein anderer höherer fände, so wird die Vernunft dazu geführt, daß die Vielheit dieser Naturen durch kein Ende abgeschlossen wird. Das aber hält niemand für nicht widersinnig, außer wer allzu widersinnig ist. Es gibt also mit Notwendigkeit eine Natur, die einer oder mehreren so überlegen ist, daß es keine gibt, der sie untergeordnet wäre.

Diese Natur aber, die so ist, ist entweder allein oder es gibt mehrere solcher und von gleicher Art. Sind sie aber mehrere und von gleicher Art, so ist, da sie nicht gleich sein können durch Verschiedenes, sondern durch ein- und dasselbe Etwas, dieses Eine, durch das sie in gleicher Weise so groß sind, entweder dasselbe, was sie sind, das heißt ihre Wesenheit selbst, oder etwas anderes als sie selber sind. Ist es aber nichts anderes als ihre Wesenheit selber, so sind, wie ihre Wesenheiten nicht mehrere sind, sondern eine, auch die Naturen nicht mehrere, sondern eine. Ich verstehe nämlich hier unter Natur dasselbe wie Wesenheit. Ist aber das, durch das diese mehreren Naturen so groß sind, etwas anderes als was sie selbst sind, dann sind sie mit Gewißheit geringer als das, durch das sie groß sind. Denn was immer durch ein anderes groß ist, ist geringer als das, durch das es groß ist. Darum sind sie nicht so groß, daß nichts anderes größer wäre als sie.

Quod si nec per hoc quod sunt, nec per aliud possibile est tales esse plures naturas, quibus nihil sit praestantius, nullo modo possunt esse naturae plures huiusmodi. Restat igitur unam et solam aliquam naturam esse, quae sic est aliis superior, ut nullo sit inferior.

Sed quod tale est, maximum et optimum est omnium quae sunt. Est igitur quaedam natura, quae est summum omnium quae sunt. Hoc autem esse non potest, nisi ipsa sit per se id quod est, et cuncta quae sunt, sint per ipsam id quod sunt. Nam cum paulo ante ratio docuerit id quod per se est et per quod alia cuncta sunt, esse summum omnium existentium: aut e converso id quod est summum, est per se et cuncta alia per illud, aut erunt plura summa. Sed plura summa non esse manifestum est. Quare est quaedam natura vel substantia vel essentia, quae per se est bona et magna, et per | se est hoc quod est, et per quam est, quidquid vere aut bonum aut magnum aut aliquid est, et quae est summum bonum, summum magnum, summum ens sive subsistens, id est summum omnium quae sunt.

*Op. omnia*
*p. 18*

## 5.

Quoniam itaque placet quod inventum est, iuvat indagare, utrum haec ipsa natura et cuncta, quae aliquid sunt, non sint nisi ex ipsa, quemadmodum non sunt nisi per ipsam. Sed liquet posse dici quia quod est ex aliquo, est etiam per id ipsum, et quod est per aliquid, est etiam ex eo ipso, quemadmodum quod est ex materia et per artificem, potest etiam dici esse per materiam et ex artifice, quoniam per utrumque et ex utroque, id est ab utroque, habet ut sit, quamvis aliter sit per materiam et ex materia, quam per

Wenn es weder durch das, was sie sind, noch durch etwas anderes möglich ist, daß mehrere Naturen so sind, daß ihnen gegenüber nichts vorzüglicher ist, dann kann es in keiner Weise mehrere derartige Naturen geben. Es bleibt also übrig, daß es eine einzige und alleinige Natur ist, die so sehr höher steht als die anderen, daß sie keiner gegenüber geringer ist.

Was aber solcher Art ist, ist das Größte und Beste von allem, was ist. Es gibt also eine Natur, die das Höchste von allem ist, was ist. Das kann sie aber nur sein, wenn sie durch sich ist, was sie ist, und alles was ist, durch sie ist, was es ist. Denn da kurz vorher die Vernunft gelehrt hat, daß das, was durch sich ist und durch das alles andere ist, das Höchste von allem ist, was existiert, so ist umgekehrt entweder das, was das Höchste ist, durch sich und alles andere durch dieses, oder es wird mehrere Höchste geben. Daß es aber nicht mehrere Höchste gibt, ist offensichtlich. Daher gibt es eine Natur oder Substanz oder Wesenheit, die durch sich gut und groß ist und durch sich das ist, was sie ist, und durch die ist, was immer wahr oder gut oder groß oder etwas ist, und die das höchste Gute, das höchste Große, das höchste Seiende oder Bestehende ist, das heißt das Höchste von allem, was ist.

### 5.

Weil also gefällt, was gefunden wurde, macht es Freude zu untersuchen, ob diese Natur selbst und alles, was etwas ist, nur aus ihr sind, so wie sie nur durch sie sind. Es leuchtet aber ein, daß man sagen kann: was aus etwas ist, ist auch durch es, und was durch etwas ist, ist auch aus ihm, so wie man von dem, was aus dem Stoff und durch den Künstler ist, auch sagen kann, daß es durch den Stoff und aus dem Künstler ist, weil es durch beide und aus beiden, das heißt von beiden seine Existenz hat; wenn es auch auf andere Weise durch den Stoff und aus dem Stoff, als durch den Künstler und aus dem Künstler existiert.

artificem et ex artifice. Consequitur ergo ut, quomodo
cuncta quae sunt, per summam sunt naturam id quod sunt,
et ideo illa est per seipsam, alia vero per aliud: ita omnia
quae sunt, sint ex eadem summa natura, et idcirco sit illa
ex seipsa, alia autem ex alio.

## 6.

Quoniam igitur non semper eundem habet sensum, quod
dicitur esse per aliquid aut esse ex aliquo, quaerendum est
diligentius, quomodo per summam naturam vel ex ipsa
sint omnia quae sunt. Et quoniam id quod est per seipsum,
et id quod est per aliud, non eandem suscipiunt existendi
rationem, prius separatim videatur de ipsa summa natura,
quae per se est, postea de iis quae per aliud sunt.

Cum igitur constet quia illa est per seipsam quidquid est,

*Op. omnia*
*p. 19*

et omnia | alia sunt per illam id quod sunt: quomodo est
ipsa per se? Quod enim dicitur esse per aliquid, videtur
esse aut per efficiens aut per materiam aut per aliquod
aliud adiumentum, velut per instrumentum. Sed quidquid
aliquo ex his tribus modis est: per aliud est et posterius, et
aliquomodo minus est eo, per quod habet ut sit. At summa
natura nullatenus est per aliud nec est posterior aut minor
seipsa aut aliqua alia re. Quare summa natura nec a se nec
ab alio fieri potuit, nec ipsa sibi nec aliud aliquid illi materia unde fieret fuit, aut ipsa se aliquomodo aut aliqua res
illam, ut esset quod non erat, adiuvit.

Quid igitur? Quod enim non est, a quo faciente aut ex
qua materia aut quibus adiumentis ad esse pervenerit, id
videtur aut esse nihil, aut, si aliquid est, per nihil esse et ex

Es folgt demnach, daß, wie alles, was ist, durch die höchste Natur ist, was es ist, und daher diese durch sich ist, das übrige aber durch ein anderes, so alles, was ist, aus eben dieser höchsten Natur ist und deshalb diese aus sich selber ist, das übrige aber aus einem anderen.

## 6.

Weil also nicht immer denselben Sinn hat, was durch etwas sein oder aus etwas sein genannt wird, ist sorgfältiger zu fragen, auf welche Weise durch die höchste Natur oder aus ihr alles ist, was ist. Und weil das, was durch sich selbst ist, und das, was durch etwas anderes ist, nicht dieselbe Art von Existenz annehmen, soll zuerst gesondert von der höchsten Natur, die durch sich ist, dann von den Dingen, die durch etwas anderes sind, gehandelt werden.

Da also feststeht *(s. K. 1—4)*, daß jene durch sich selbst ist, was immer sie ist, und alle anderen Dinge durch sie sind, was sie sind: auf welche Weise ist sie durch sich? Denn wovon gesagt wird, daß es durch etwas ist, scheint entweder durch ein Bewirkendes zu sein oder durch einen Stoff oder durch irgendein anderes Hilfsmittel, wie durch ein Werkzeug. Was immer aber durch eine dieser drei Arten ist, das ist durch ein anderes und später und ist irgendwie geringer als das, durch das es sein Sein hat. Aber die höchste Natur ist durchaus nicht durch ein anderes noch später oder geringer als sie selbst oder irgendein anderes Ding. Deshalb konnte die höchste Natur weder von sich noch von einem anderen gemacht werden, noch diente sie sich selbst noch etwas anderes ihr als Stoff, aus dem sie gemacht wurde, oder hat sie selbst sich irgendwie oder ein anderes Ding ihr geholfen zu sein, was sie nicht war.

Was nun? Denn was nicht durch ein Bewirkendes oder aus einem Stoff oder durch Hilfsmittel zum Sein gekommen ist, das scheint entweder nichts zu sein oder, wenn es etwas ist, durch nichts zu sein und

nihilo. Quae licet ex iis, quae rationis luce de summa iam animadverti substantia, putem nullatenus in illam posse cadere, non tamen negligam huius rei probationem contexere. Quoniam namque ad magnum et delectabile quiddam me subito perduxit haec mea meditatio, nullam vel simplicem paeneque fatuam obiectionem disputanti mihi occurrentem negligendo volo praeterire. Quatenus et ego nihil ambiguum in praecedentibus relinquens certior valeam ad sequentia procedere, et si cui forte quod speculor persuadere voluero, omni vel modico remoto obstaculo quilibet tardus intellectus ad audita facile possit accedere.

Quod igitur illa natura, sine qua nulla est natura, sit nihil, tam falsum est quam absurdum erit, si dicatur quidquid est nihil esse. Per nihil vero non est, quia nullo modo intelligi potest, ut quod aliquid est, sit per nihil. At si quo modo est ex nihilo: aut per se, aut per aliud, aut per nihil est ex nihilo. Sed constat quia nullo modo aliquid est per nihil. Si igitur est aliquomodo ex nihilo: aut per se aut per aliud est ex nihilo. Per se autem nihil potest esse ex nihilo, quia, si quid est ex nihilo per aliquid, necesse est, ut id per quod est prius sit. Quoniam igitur haec essentia prior se ipsa non est, nullo modo est ex nihilo per se. At si dicitur per aliam aliquam naturam extitisse ex nihilo, non est summa omnium, sed aliquo inferior; nec est per se hoc quod est, sed per aliud.

Op. omnia
p. 20
Item si per aliquid est ipsa ex nihilo, id per quod est, magnum bonum fuit, cum | causa tanti boni fuit. At nullum bonum potest intelligi ante illud bonum, sine quo nihil est bonum. Hoc autem bonum, sine quo nullum est bonum, satis liquet hanc esse summam naturam, de qua agitur.

aus nichts. Obwohl ich nach dem, was ich mit dem Lichte der Vernunft von der höchsten Substanz erkannt habe, glaube, daß das keinesfalls auf sie zutreffen kann, will ich doch nicht versäumen, den Beweis dafür anzufügen. Denn weil diese meine Betrachtung mich sofort zu etwas Großem und Ergötzlichem geführt hat, so will ich keinen noch so einfältigen und beinahe albernen Einwand, der mir bei meiner Untersuchung begegnet, außerachtlassend übergehen. Auf daß sowohl ich, wenn ich im Vorausgehenden nichts Zweifelhaftes zurücklasse, mit größerer Sicherheit zum Folgenden fortzuschreiten vermag, als auch, wenn ich etwa einen anderen von dem, was ich schaue, überzeugen wollte, nach Beseitigung jedes auch noch so unbedeutenden Hindernisses, ein jeglicher langsame Verstand an das Gehörte leicht herankommen kann.

Daß also diese Natur, ohne die keine Natur ist, nichts sei, ist so falsch, wie es absurd ist, wenn man sagt, alles, was ist, sei nichts. Durch nichts aber ist sie nicht, weil in keiner Weise verstanden werden kann, daß, was etwas ist, durch nichts sei. Wenn sie aber irgendwie aus nichts ist, dann ist sie entweder durch sich oder durch ein anderes oder durch nichts aus nichts. Nun steht aber fest, daß auf keine Weise etwas durch nichts ist. Wenn sie also irgendwie aus nichts ist, dann ist sie entweder durch sich oder durch ein anderes aus nichts. Durch sich aber kann nichts aus nichts sein, denn wenn etwas aus nichts durch etwas ist, muß das, durch das es ist, früher sein. Weil also diese Wesenheit nicht früher als sie selbst ist, ist sie auf keine Weise aus nichts durch sich. Sagt man aber, daß sie durch irgendeine andere Natur aus dem Nichts entstanden sei, dann ist sie nicht mehr die höchste von allem, sondern tieferstehend als etwas, noch ist sie durch sich das, was sie ist, sondern durch etwas anderes.

Desgleichen, wenn sie durch etwas aus nichts ist, so war das, durch das sie ist, ein großes Gut, da es Ursache eines so großen Gutes war. Aber kein Gut läßt sich denken vor jenem Gut, ohne das nichts gut ist. Es ist aber hinreichend klar, daß dieses Gut, ohne das nichts gut ist, diese höchste Natur ist, um die es sich handelt. Mithin ist kein Ding

Quare nulla res vel intellectu praecessit, per quam ista ex nihilo esset. Denique si haec ipsa natura est aliquid aut per nihil aut ex nihilo, procul dubio aut ipsa non est per se et ex se quidquid est, aut ipsa dicitur nihil. Quod utrumque superfluum est exponere, quam falsum sit. Licet igitur summa substantia non sit per aliquid efficiens aut ex aliqua materia nec aliquibus sit adiuta causis, ut ad esse perduceretur: nullatenus tamen est per nihil aut ex nihilo, quia per seipsam et ex seipsa est quidquid est.

Quomodo ergo tandem esse intelligenda est per se et ex se, si nec ipsa se fecit, nec ipsa sibi materia extitit, nec ipsa se quolibet modo, ut quod non erat esset, adiuvit? Nisi forte eo modo intelligendum videtur, quo dicitur quia lux lucet vel lucens est per seipsam et ex seipsa. Quemadmodum enim sese habent ad invicem lux et lucere et lucens, sic sunt ad se invicem essentia et esse et ens, hoc est existens sive subsistens. Ergo summa essentia et summe esse et summe ens, id est summe existens sive summe subsistens, non dissimiliter sibi convenient, quam lux et lucere et lucens.


## 7.

Restat nunc de rerum earum universitate, quae per aliud sunt, discutere, quomodo sint per summam substantiam: utrum, quia ipsa fecit universa, aut quia materia fuit universorum. Non enim opus est quaerere, utrum ideo sint universa per ipsam, quia alio faciente aut alia materia existente illa tantum quolibet modo, ut res omnes essent, adiuverit, cum repugnet iis quae iam supra patuerunt, si secundo loco et non principaliter sint per ipsam quaecumque sunt.

auch nur dem Gedanken nach vorausgegangen, durch das jene aus dem Nichts wäre. Wenn endlich diese selbe Natur entweder durch nichts oder aus nichts etwas ist, so ist sie ohne Zweifel entweder nicht durch sich und aus sich all das, was sie ist, oder sie wird nichts heißen. Wie falsch dies beides ist, ist überflüssig auseinanderzusetzen. Obwohl also die höchste Substanz nicht durch ein Bewirkendes oder aus einem Stoff ist noch ihr durch irgendwelche Ursachen geholfen wurde, um zum Sein gebracht zu werden, so ist sie doch keineswegs durch nichts oder aus nichts, weil sie durch sich selbst und aus sich selbst all das ist, was sie ist.

Wie kann man also endlich verstehen, daß sie durch sich und aus sich ist, wenn sie sich weder selbst gemacht hat noch sich selbst zum Stoff wurde noch sie selbst sich auf irgendeine Weise half zu sein, was sie nicht war? Es dürfte etwa in der Weise zu verstehen sein, in der vom Licht ausgesagt wird, daß es leuchtet und leuchtend ist durch sich selbst und aus sich selbst. Denn wie sich zueinander verhalten Licht, Leuchten und Leuchtendes, so sind zueinander Wesenheit und Sein und Seiendes, das heißt Existierendes oder Bestehendes. Also werden die höchste Wesenheit und das höchste Sein und das höchst Seiende, das heißt das höchst Existierende oder höchst Bestehende, nicht unähnlich sich entsprechen wie das Licht und das Leuchten und das Leuchtende.


## 7.


Es bleibt jetzt übrig, hinsichtlich der Gesamtheit jener Dinge, die durch ein anderes sind, zu erforschen, auf welche Weise sie durch die höchste Substanz sind: ob deshalb, weil diese alles gemacht hat, oder weil sie der Stoff für alles war. Es ist nämlich nicht nötig zu fragen, ob das All deshalb durch sie ist, weil sie, während ein anderes schuf oder ein anderer Stoff vorhanden war, nur irgendwie geholfen hätte, daß alle Dinge seien, da es dem, was oben (K. 3 u. 4) schon klar wurde, widerstreitet, wenn alles, was ist, an zweiter Stelle und nicht erstursächlich durch sie ist.

*Op. omnia*
*p. 21*

Primum itaque mihi quaerendum esse puto, utrum universitas rerum, quae per aliud sunt, sit ex aliqua materia. Non autem dubito omnem hanc | mundi molem cum partibus suis, sicut videmus formatam, constare ex terra et aqua et aëre et igne, quae scilicet quattuor elementa aliquomodo intelligi possunt sine his formis, quas conspicimus in rebus formatis, ut eorum informis aut etiam confusa natura videatur esse materia omnium corporum suis formis discretorum; non, inquam, hoc dubito, sed quaero unde haec ipsa, quam dixi, mundanae molis materia sit. Nam si huius materiae est aliqua materia, illa verius est corporeae universitatis materia. Si igitur universitas rerum, seu visibilium seu invisibilium, est ex aliqua materia: profecto non solum non potest esse, sed nec dici potest esse ex alia materia quam ex summa natura, aut ex seipsa, aut ex aliqua tertia essentia, quae utique nulla est. Quippe nihil omnino vel cogitari potest esse praeter illud summum omnium, quod est per seipsum, et universitatem eorum, quae non per se, sed per idem summum sunt. Quare quod nullo modo aliquid est, nullius rei materia est.

Ex sua vero natura rerum universitas, quae per se non est, esse non potest; quoniam, si hoc esset, aliquomodo esset per se et per aliud quam per id, per quod sunt cuncta, et non esset solum id, per quod cuncta sunt; quae omnia falsa sunt. Item omne quod ex materia est, ex alio est et eo posterius. Quoniam igitur nihil est aliud a seipso vel posterius seipso, consequitur ut nihil sit materialiter ex seipso.

At si ex summae naturae materia potest esse aliquid minus ipsa, summum bonum mutari et corrumpi potest; quod nefas est dicere. Quapropter quoniam omne quod aliud est quam ipsa, minus est ipsa, impossibile est aliquid aliud hoc modo esse ex ipsa.

Amplius. Dubium non est, quia nullatenus est bonum,

Zuerst glaube ich fragen zu müssen, ob die Gesamtheit der Dinge, die durch ein anderes sind, aus einem Stoffe ist. Ich zweifle aber nicht, daß dieser ganze Bau der Welt mit seinen Teilen, wie wir ihn gestaltet sehen, aus Erde und Wasser und Luft und Feuer besteht, den vier Elementen nämlich, die sich irgendwie denken lassen ohne diese Formen, die wir in den gestalteten Dingen sehen, so daß ihre ungeformte oder auch vermischte Natur der Stoff aller durch ihre Formen unterschiedenen Körper zu sein scheint; nicht daran, sage ich, zweifle ich, sondern ich frage, woher dieser Stoff des Weltenbaus, von dem ich sprach, stammt. Denn wenn es für diesen Stoff einen Stoff gibt, dann ist dieser im wahreren Sinne der Stoff der Körperwelt. Wenn also das All der Dinge, sei es der sichtbaren, sei es der unsichtbaren, aus irgendeinem Stoffe ist, so kann sicherlich nicht nur nicht sein, sondern auch nicht gesagt werden, daß es aus einem anderen Stoffe sei als aus der höchsten Natur oder aus sich selbst oder aus einer dritten Wesenheit, die es freilich nicht gibt. Denn durchaus nichts kann als existierend auch nur gedacht werden, außer jenem Höchsten von allem, das durch sich selbst ist, und dem All dessen, was nicht durch sich, sondern durch eben dieses Höchste ist. Was daher auf keine Weise etwas ist, ist keines Dinges Stoff.

Aus seiner Natur aber kann das Weltall, das nicht durch sich ist, nicht sein; denn wäre es dies, dann wäre es irgendwie durch sich und durch ein anderes als durch das, durch das alles ist, und es wäre nicht allein das, durch das alles ist; was alles falsch ist. Desgleichen ist alles, was aus Stoff ist, aus einem anderen und später als dieses. Weil also nichts ein anderes als es selbst oder später als es selbst ist, folgt, daß nichts stofflich aus sich selbst ist.

Wenn indes aus dem Stoff der höchsten Natur etwas Geringeres als sie selbst sein kann, dann kann das höchste Gut verändert und zerstört werden, was zu sagen ein Frevel ist. Weil deshalb alles, was etwas anderes ist als sie, geringer ist als sie, ist es unmöglich, daß etwas anderes auf diese Weise aus ihr ist.

Des Weiteren. Es ist nicht zweifelhaft, daß auf keine Weise das gut

per quod mutatur vel corrumpitur summum bonum. Quod si qua minor natura est ex summi boni materia: cum nihil sit undecumque nisi per summam essentiam, mutatur et corrumpitur summum bonum per ipsam. Quare summa essentia, quae est ipsum summum bonum, nullatenus est bonum; quod est inconveniens. Nulla igitur minor natura materialiter est ex summa natura. Cum igitur eorum essentiam, quae per aliud sunt, constet non esse velut ex materia ex summa essentia, nec ex se nec ex alio: manifestum est quia ex nulla materia est.

Quare quoniam quidquid est, per summam essentiam est, nec per ipsam aliud aliquid esse potest nisi ea aut faciente aut materia existente, | consequitur ex necessitate, ut praeter ipsam nihil sit nisi ea faciente. Et quoniam nihil aliud est vel fuit nisi illa et quae facta sunt ab illa, nihil omnino facere potuit per aliud vel instrumentum vel adiumentum quam per seipsam. At omne quod fecit sine dubio aut fecit ex aliquo velut ex materia, aut ex nihilo. Quoniam ergo certissime patet quia essentia omnium, quae praeter summam essentiam sunt, ab eadem summa essentia facta est, et quia ex nulla materia est: procul dubio nihil apertius, quam quia illa summa essentia tantam rerum molem, tam numerosam multitudinem, tam formose formatam, tam ordinate variatam, tam convenienter diversam sola per seipsam produxit ex nihilo.

*Op. omnia*

*p. 22*

## 8.

Sed occurrit quiddam de nihilo. Nam ex quocumque fit aliquid, id causa est eius quod ex se fit, et omnis causa necesse est aliquod ad essentiam effecti praebeat adiumen-

ist, durch das das höchste Gut verändert oder zerstört wird. Wenn eine geringere Natur aus dem Stoff des höchsten Gutes ist, dann wird, da nichts, woher auch immer, außer durch die höchste Wesenheit ist, durch sie das höchste Gut verändert und zerstört. Deshalb ist die höchste Wesenheit, die das höchste Gut selbst ist, durchaus nicht ein Gut; was ungereimt ist. Also ist keine geringere Natur stofflich aus der höchsten Natur. Da demnach feststeht, daß die Wesenheit derjenigen Dinge, die durch ein anderes sind, nicht aus der höchsten Wesenheit als aus ihrem Stoffe ist, noch aus sich noch aus einem anderen, so ist es offensichtlich, daß sie aus keinem Stoffe ist.

Weil daher alles, was ist, durch die höchste Wesenheit ist und durch sie etwas anderes nur sein kann, wenn sie es entweder macht oder ihr als Stoff dient, so folgt mit Notwendigkeit, daß außer ihr nichts existiert, ohne daß sie es macht. Und weil es nichts anderes gibt oder gab außer ihr und dem, was von ihr gemacht wurde, so konnte sie durchaus nichts durch etwas anderes, sei es Werkzeug oder Hilfe, als durch sich selbst machen. Alles aber, was sie gemacht hat, hat sie ohne Zweifel entweder aus etwas, das als Stoff diente, oder aus nichts gemacht. Weil demnach aufs gewisseste klar ist, daß die Wesenheit aller Dinge, die es außer der höchsten Wesenheit gibt, von eben dieser Wesenheit gemacht wurde, und daß sie aus keinem Stoffe ist, so ist ohne Zweifel nichts offenkundiger, als daß diese höchste Wesenheit die so große Masse von Dingen, die so zahlreiche Menge, die so schön gestaltete, so geordnet mannigfaltige, so angemessen verschiedene, allein durch sich selbst aus dem Nichts hervorgebracht hat.

## 8.

Doch da kommt ein Einwand vom Nichts her. Denn woraus immer etwas wird, ist das die Ursache dessen, was aus ihm wird, und jede Ursache gewährt notwendig eine Beihilfe zum Bestand der Wirkung.

tum. Quod sic omnes tenent experimento, ut et nulli rapiatur contendendo, et vix ulli surripiatur decipiendo. Si ergo factum est ex nihilo aliquid, ipsum nihil causa fuit eius quod ex ipso factum est. Sed quomodo id quod nullum habebat esse, adiuvit aliquid, ut perveniret ad esse? Si autem nullum adiumentum de nihilo provenit ad aliquid: cui aut qualiter persuadeatur, quia ex nihilo aliquid efficiatur?

Praeterea, «nihil» aut significat aliquid aut non significat aliquid. Sed si nihil est aliquid: quaecumque facta sunt ex nihilo, facta sunt ex aliquo. Si vero nihil non est aliquid: quoniam intelligi non potest, ut ex eo quod penitus non est, fiat aliquid, nihil fit ex nihilo; sicut vox omnium est: quia de nihilo nihil. Unde videtur consequi ut, quidquid fit, fiat ex aliquo. Aut enim fit de aliquo, aut de nihilo. Sive igitur nihil sit aliquid, sive nihil non sit aliquid, consequi videtur ut, quidquid factum est, factum sit ex aliquo.

Quod si verum esse ponitur, omnibus quae supra disposita sunt, opponitur. Unde quoniam  quod erat nihil, aliquid erit: id quod maxime erat aliquid, nihil erit. Ex eo namque quod quandam substantiam maxime omnium existentem inveneram, ad hoc ut omnia alia sic facta essent ab ea, ut nihil esset unde facta essent, ratiocinando perveneram. Quare si illud | unde facta sunt, quod putabam esse nihil, est aliquid: quidquid inventum aestimabam de summa essentia, est nihil.

*Op. omnia*
*p. 23*

Quid igitur intelligendum est de nihilo? Nam nihil quod videam obici posse vel paene fatuum, iam statui in hac meditatione negligere. Tribus itaque, ut puto, modis, quod ad praesentis impedimenti sufficit expedimentum, exponi potest, si qua substantia dicitur esse facta ex nihilo. Unus quidem modus est, quo volumus intelligi penitus non esse

Daran halten alle auf Grund der Erfahrung derart fest, daß es niemandem durch Abstreiten entrissen und kaum jemandem durch Täuschung geraubt wird. Wenn also etwas aus nichts gemacht wurde, dann war dieses Nichts Ursache dessen, was aus ihm gemacht wurde. Aber wie half das, was kein Sein hatte, einem Etwas, daß es zum Sein gelangte? Wenn jedoch vom Nichts her keine Hilfe zu dem Etwas kam: wen oder wie könnte man überzeugen, daß aus nichts etwas bewirkt wird?

Ferner bezeichnet „nichts" etwas oder es bezeichnet nicht etwas. Wenn nichts etwas ist, dann ist alles, was aus nichts geworden ist, aus etwas geworden. Wenn jedoch nichts nicht etwas ist, dann wird nichts aus nichts, weil es sich nicht denken läßt, daß aus dem, was gar nicht ist, etwas wird, wie es die Rede aller ist: „aus nichts (wird) nichts". Daher scheint zu folgen, daß alles, was wird, aus etwas wird. Denn entweder wird es aus etwas oder aus nichts. Mag also nichts etwas sein, mag nichts nicht etwas sein: es scheint zu folgen, daß alles, was geworden ist, aus etwas geworden ist.

Wenn das als wahr hingestellt wird, steht es allem, was oben entwickelt wurde, entgegen. Weil daher das, was nichts war, etwas sein wird, so wird das, was am meisten etwas war, nichts sein. Daraus nämlich, daß ich eine Substanz, die am meisten von allen existiert, gefunden hatte, war ich durch Schlußfolgerung dazu gelangt, daß alles andere so von ihr gemacht wurde, daß nichts sei, woraus es gemacht wurde. Wenn daher das, woraus es gemacht wurde und das ich für nichts hielt, etwas ist, dann ist alles, was ich von der höchsten Wesenheit gefunden zu haben glaubte, nichts.

Was ist also unter dem Nichts zu verstehen? Ich habe nämlich schon festgelegt, nichts in dieser Betrachtung zu vernachlässigen, von dem ich glaube, daß es eingewendet werden könnte und sei es fast albern. Auf drei Arten also, wie ich glaube — und das genügt zur Beseitigung des vorliegenden Hindernisses —, kann es ausgelegt werden, wenn man sagt, eine Substanz sei aus nichts gemacht. Eine Art ist, durch die wir

factum, quod factum dicitur ex nihilo. Cui simile est, cum quaerenti de tacente unde loquatur, respondetur: de nihilo; id est: non loquitur. Secundum quem modum de ipsa summa essentia et de eo quod penitus nec fuit nec est, quaerenti unde factum sit, recte responderi potest: de nihilo; id est: nequaquam factum est. Qui sensus de nullo eorum quae facta sunt, intelligi potest.

Alia significatio est, quae dici quidem potest, vera tamen esse non potest; ut si dicatur aliquid sic esse factum ex nihilo, ut ex ipso nihilo, id est, ex eo quod penitus non est, factum sit; quasi ipsum nihil sit aliquid existens, ex quo possit aliquid fieri. Quod quoniam semper falsum est: quotiens esse ponitur, impossibilis inconvenientia consequitur.

Tertia interpretatio, qua dicitur aliquid esse factum de nihilo, est, cum intelligimus esse quidem factum, sed non esse aliquid, unde sit factum. Per similem significationem dici videtur, cum homo contristatus sine causa dicitur contristatus de nihilo.

Secundum igitur hunc sensum si intelligatur, quod supra conclusum est, quia praeter summam essentiam cuncta quae sunt, ab eadem ex nihilo facta sunt, id est, non ex aliquo: sicut ipsa conclusio praecedentia convenienter consequetur, ita ex eadem conclusione nihil inconveniens subsequetur. Quamvis non inconvenienter et sine omni repugnantia ea quae facta sunt a creatrice substantia, dici possint esse facta ex nihilo, eo modo quo dici solet dives ex paupere et recepisse quis sanitatem ex aegritudine. Id est: qui prius pauper erat, nunc est dives, quod antea non erat; et qui prius habebat aegritudinem, nunc habet sanitatem, quam antea non habebat. Hoc igitur modo non inconvenienter intelligi potest,

zu verstehen geben wollen, es sei überhaupt nicht gemacht worden, was aus dem Nichts gemacht sein soll. Dem ist ähnlich, wenn einer inbezug auf einen, der schweigt, fragt, worüber er spreche, und ihm geantwortet wird: „über nichts"; das heißt: er spricht nicht. Gemäß dieser Art kann einem, der von dieser höchsten Wesenheit und von dem, was überhaupt nicht war noch ist, fragt, woraus sie gemacht wurden, mit Recht geantwortet werden: „aus nichts"; das heißt: sie wurden keineswegs gemacht. Dieser Sinn kann von keinem der Dinge, die gemacht wurden, verstanden werden.

Eine andere Bedeutung ist die, die zwar ausgesprochen werden kann, wahr jedoch nicht sein kann; so wenn gesagt wird, etwas sei so aus nichts gemacht worden, daß es aus dem Nichts selbst, das heißt aus dem, was gar nicht ist, gemacht wurde, als ob dieses Nichts etwas Existierendes wäre, aus dem etwas gemacht werden könnte. Weil das immer falsch ist, so folgt, so oft das angenommen wird, eine unmögliche Ungereimtheit.

Die dritte Auslegung der Behauptung, daß etwas aus dem Nichts gemacht sei, ist gegeben, wenn wir erkennen, daß es zwar gemacht wurde, daß aber nicht ein Etwas existiert, aus dem es gemacht wurde. In einer ähnlichen Bedeutung scheint gesprochen zu werden, wenn man von einem Menschen, der ohne Grund betrübt ist, sagt, er sei über nichts betrübt.

Wenn man also in diesem Sinne versteht, was oben (*in K. 7*) geschlossen wurde, (nämlich) daß außer der höchsten Wesenheit alles, was ist, von dieser aus dem Nichts gemacht wurde, das heißt nicht aus etwas, dann wird, wie dieser Schluß aus dem Vorhergehenden zutreffend sich ergeben wird, aus demselben Schluß nichts Ungereimtes nachfolgen. Obwohl man nicht unangemessen und ohne jeden Widerspruch von dem, was von der schöpferischen Substanz gemacht wurde, sagen kann, daß es in der Weise aus dem Nichts geschaffen wurde, in der man zu sagen pflegt, ein Reicher (sei) aus einem Armen (geworden) und jemand habe die Gesundheit aus einer Krankheit erhalten. Das heißt: der früher arm war, ist jetzt reich, was er vorher nicht war, und der

si dicitur creatrix essentia universa fecisse de nihilo, sive quod universa per illam facta sint de nihilo; id est: quae prius nihil erant, nunc sunt aliquid. Hac ipsa quippe | voce qua dicitur: quia illa fecit, sive: quia ista facta sunt, intelligitur: quia, cum illa fecit, aliquid fecit, et: cum ista facta sunt, nonnisi aliquid facta sunt. Sic enim aspicientes aliquem de valde humili fortuna multis opibus ab aliquo honoribusve exaltatum dicimus: ecce, fecit ille istum de nihilo, aut: factus est iste ab illo de nihilo; id est: iste, qui prius quasi nihilum deputabatur, nunc illo faciente vere aliquid existimatur.

*Op. omnia*
*p. 24*

## 9.

Verum videor mihi videre quiddam, quod non negligenter discernere cogit, secundum quid ea quae facta sunt, antequam fierent, dici possint fuisse nihil. Nullo namque pacto fieri potest aliquid rationabiliter ab aliquo, nisi in facientis ratione praecedat aliquod rei faciendae quasi exemplum, sive aptius dicitur forma, vel similitudo, aut regula. Patet itaque, quoniam priusquam fierent universa, erat in ratione summae naturae, quid aut qualia aut quomodo futura essent.

Quare cum ea quae facta sunt, clarum sit nihil fuisse, antequam fierent, quantum ad hoc quia non erant quod nunc sunt, nec erat ex quo fierent: non tamen nihil erant quantum ad rationem facientis, per quam et secundum quam fierent.

früher eine Krankheit hatte, hat jetzt die Gesundheit, die er vorher nicht hatte. Auf diese Weise also kann es nicht ungereimt verstanden werden, wenn es heißt, daß die schöpferische Wesenheit alles aus dem Nichts gemacht hat oder daß alles durch sie aus dem Nichts gemacht wurde; das heißt: was früher nichts war, ist jetzt etwas. Denn mit diesem Worte, mit dem gesagt wird: diese hat gemacht, oder: jenes ist gemacht worden, ist gemeint, daß, als diese machte, sie etwas machte; und als jenes gemacht wurde, es da erst zu etwas gemacht wurde. So nämlich, wenn wir sehen, wie jemand aus sehr niedriger Lage von jemandem zu großem Reichtum oder großen Ehren emporgehoben wurde, sagen wir: seht, jener hat diesen aus dem Nichts gemacht, oder: dieser ist von jenem aus dem Nichts gemacht worden; das heißt: dieser, der früher gleichsam für nichts erachtet wurde, wird jetzt durch jenen wirklich für etwas gehalten.

## 9.

Ich meine aber etwas zu sehen, was zwingt, nicht nachlässig zu untersuchen, unter welchem Gesichtspunkte man von dem, was gemacht wurde, sagen kann, es sei nichts gewesen, bevor es wurde. Denn auf keine Weise kann etwas vernünftig von jemandem gemacht werden, wenn nicht im Denken dessen, der es macht, gleichsam eine Art Modell des zu machenden Dinges vorausgeht, oder passender gesagt, eine Form oder Ähnlichkeit oder Norm. Es ist somit offenbar, daß, bevor das All wurde, im Denken der höchsten Natur feststand, was oder wie oder auf welche Weise es sein würde.

Da es deshalb klar ist, daß einerseits das, was gemacht wurde, bevor es wurde, nichts war in Hinsicht darauf, daß es nicht war, was es jetzt ist, und daß es andererseits nichts gab, woraus es wurde, so war es dennoch nicht nichts, sofern es das Denken dessen angeht, der es gemacht, durch das und gemäß dem es wurde.

## 10.

Illa autem rerum forma, quae in eius ratione res crean-
das praecedebat, quid aliud est quam rerum quaedam in
ipsa ratione locutio, veluti cum faber facturus aliquod suae
artis opus prius illud intra se dicit mentis conceptione?
Mentis autem sive rationis locutionem hic intelligo, non
cum voces rerum significativae cogitantur, sed cum res
ipsae vel futurae vel iam existentes acie cogitationis in
mente conspiciuntur.

*Op. omnia
p. 25*

Frequenti namque usu cognoscitur, quia rem unam tri-
pliciter loqui possumus. Aut enim res loquimur signis sen-
sibilibus, id est, quae sensibus corporeis sentiri possunt |
sensibiliter utendo; aut eadem signa, quae foris sensibilia
sunt, intra nos insensibiliter cogitando; aut nec sensibiliter
nec insensibiliter his signis utendo, sed res ipsas vel corpo-
rum imaginatione vel rationis intellectu pro rerum ipsarum
diversitate intus in nostra mente dicendo.

Aliter namque dico hominem, cum eum hoc nomine,
quod est «homo», significo; aliter, cum idem nomen tacens
cogito; aliter, cum eum ipsum hominem mens aut per corporis imaginem aut per rationem intuetur. Per corporis
quidem imaginem, ut cum eius sensibilem figuram imagina-
tur; per rationem vero, ut cum eius universalem essentiam,
quae est «animal rationale mortale», cogitat.

Hae vero tres loquendi varietates singulae verbis sui ge-
neris constant. Sed illius, quam tertiam et ultimam posui,
locutionis verba, cum de rebus non ignoratis sunt, natura-
lia sunt et apud omnes gentes sunt eadem. Et quoniam alia
omnia verba propter haec sunt inventa: ubi ista sunt, nul-

# 10.

Jene Form der Dinge aber, die in seinem Denken den zu schaffenden Dingen vorausging: was ist sie anderes als eine Art von Sprechen der Dinge in diesem Denken, wie wenn ein Künstler, der ein Werk seiner Kunst schaffen will, es zuerst in seinem Innern durch eine Empfängnis des Geistes spricht? Unter dem Sprechen des Geistes oder des Denkens verstehe ich hier nicht, daß die Laute, welche die Dinge bezeichnen, gedacht werden, sondern daß die Dinge selbst, sei es die künftigen, sei es die schon existierenden, durch die Schärfe des Denkens im Geiste geschaut werden.

Denn durch häufigen Gebrauch läßt sich erkennen, daß wir *ein* Ding auf dreifache Art sprechen können. Entweder nämlich sprechen wir die Dinge, indem wir uns sinnlicher Zeichen, das heißt solcher, die mit den körperlichen Sinnen wahrgenommen werden können, sinnfällig bedienen; oder indem wir dieselben Zeichen, die draußen sinnfällig sind, in unserem Innern auf nicht sinnfällige Weise denken; oder indem wir diese Zeichen weder sinnlich noch unsinnlich gebrauchen, sondern die Dinge selbst entweder durch die Vorstellung von Körpern oder durch die Einsicht der Vernunft — je nach der Verschiedenheit dieser Dinge — inwendig in unserem Geiste sprechen. Anders nämlich spreche ich den Menschen, wenn ich ihn mit diesem Namen, das heißt „Mensch" bezeichne; anders, wenn ich diesen Namen stillschweigend denke; anders, wenn der Geist eben diesen Menschen entweder durch das Bild seines Körpers oder durch das Denken schaut. Durch das Bild seines Körpers, so wenn er sich seine sinnfällige Gestalt vorstellt; durch das Denken jedoch, so wenn er seine allgemeine Wesenheit, nämlich „vernunftbegabtes, sterbliches Lebewesen",[1] denkt.

Von diesen drei Verschiedenheiten des Sprechens besteht jede aus Worten ihrer Art. Die Worte jenes Sprechens aber, das ich an die dritte und letzte Stelle gesetzt habe, sind, wenn sie von nicht unbekannten

---

1. Nach Boethius, *In Isagogen Porphyrii Commentarius, editio prima,* Buch I, Kap. 20 (Migne, *Patrologia Latina* 64, 35).

lum aliud verbum est necessarium ad rem cognoscendam; et ubi ista esse non possunt, nullum aliud est utile ad rem ostendendam. Possunt etiam non absurde dici tanto veriora, quanto magis rebus, quarum sunt verba, similia sunt et eas expressius signant. Exceptis namque rebus illis, quibus ipsis utimur pro nominibus suis ad easdem significandas, ut sunt quaedam voces, velut « a » vocalis; exceptis, inquam, his nullum aliud verbum sic videtur rei simile, cuius est verbum, aut sic eam exprimit, quomodo illa similitudo, quae in acie mentis rem ipsam cogitantis exprimitur.

Illud igitur iure dicendum est maxime proprium et principale rei verbum. Quapropter si nulla de qualibet re locutio tantum propinquat rei, quantum illa quae huiusmodi verbis constat, nec aliquid aliud tam simile rei vel futurae vel iam existentis in ratione alicuius potest esse: non immerito videri potest apud summam substantiam talem rerum locutionem et fuisse, antequam essent, ut per eam fierent, et esse, cum facta sunt, ut per eam sciantur.

*Op. omnia*
p. 26

## 11.

Sed quamvis summam substantiam constet prius in se quasi dixisse cunctam creaturam, quam eam secundum eandem et per eandem suam intimam locutionem conderet, quemadmodum faber prius mente concipit, quod postea secundum mentis conceptionem opere perficit: multam tamen in hac similitudine intueor dissimilitudinem. Illa namque nihil omnino aliunde assumpsit, unde vel eorum

Dingen sind, natürliche und sind bei allen Völkern dieselben.[2] Und weil alle anderen Worte um dieser willen erfunden wurden, so ist, wo diese vorhanden sind, kein anderes Wort nötig, um das Ding zu erkennen; und wo diese nicht vorhanden sein können, ist kein anderes brauchbar, um das Ding sichtbar zu machen. Man kann auch ohne Widersinn sagen, daß sie umso wahrer sind, je mehr sie den Dingen, deren Worte sie sind, ähnlich sind und je anschaulicher sie diese bezeichnen. Denn abgesehen von jenen Dingen, die wir gerade als ihre Namen zu ihrer Bezeichnung gebrauchen — wie gewisse Laute, etwa der Vokal „a" —, von diesen abgesehen, sage ich, erscheint kein anderes Wort der Sache, deren Wort es ist, so ähnlich oder drückt sie so aus, wie jenes Ebenbild, welches in der Schärfe des die Sache selbst denkenden Geistes ausgedrückt wird.

Dieses muß also mit Recht das am meisten eigentümliche und ursprüngliche Wort des Dinges genannt werden. Wenn daher kein Sprechen über irgendein Ding so sehr dem Dinge nahekommt wie jenes, das aus solchen Worten besteht, und nichts anderes so ähnlich dem künftigen oder schon existierenden Dinge in jemandes Denken vorhanden sein kann, dann kann nicht mit Unrecht angenommen werden, daß bei der höchsten Substanz ein solches Sprechen der Dinge sowohl stattfand, bevor sie waren, um durch es zu werden, als auch stattfindet, wenn sie geworden sind, um durch es gewußt zu werden.

## 11.

Wenn auch feststeht, daß die höchste Substanz zuvor die gesamte Schöpfung in sich gleichsam gesprochen hat, ehe sie diese gemäß diesem ihren innersten Sprechen und durch dieses schuf, gleichwie der Künstler vorher im Geiste empfängt, was er nachher dem Entwurf seines Geistes gemäß im Werke verwirklicht, so sehe ich doch in dieser Ähnlich-

---

2. Nach Boethius, *Commentaria in librum Aristotelis Perihermeneias, editio prima* (Migne, *Patrologia Latina* 64, 297).

quae factura erat formam in seipsa compingeret, vel ea ipsa hoc quod sunt perficeret. Faber vero penitus nec mente potest aliquid corporeum imaginando concipere, nisi id quod aut totum simul aut per partes ex aliquibus rebus aliquomodo iam didicit; nec opus mente conceptum perficere, si desit aut materia aut aliquid, sine quo opus praecogitatum fieri non possit. Quamquam enim homo tale aliquod animal possit cogitando sive pingendo, quale nusquam sit, confingere: nequaquam tamen hoc facere valet, nisi componendo in eo partes, quas ex rebus alias cognitis in memoriam attraxit. Quare in hoc differunt ab invicem illae in creatrice substantia et in fabro suorum operum faciendorum intimae locutiones, quod illa nec assumpta nec adiuta aliunde, sed prima et sola causa sufficere potuit suo artifici ad suum opus perficendum, ista vero nec prima nec sola nec sufficiens est ad suum incipiendum. Quapropter ea quae per illam creata sunt, omnino non sunt aliquid quod non sunt per illam; quae vero fiunt per istam, penitus non essent, nisi essent aliquid quod non sunt per ipsam.

12.

Sed cum pariter ratione docente certum sit, quia quidquid summa substantia fecit, non fecit per aliud quam per semetipsam, et quidquid fecit, per suam intimam locutionem fecit, sive singula singulis verbis, sive potius uno verbo simul omnia dicendo: quid magis necessarium videri potest, quam hanc summae essentiae locutionem non esse aliud quam summam essentiam?

keit viel Unähnlichkeit. Denn jene nahm durchaus nichts anderswoher auf, um daraus die Gestalt der Dinge, die sie zu schaffen vorhatte, in sich selbst zusammenzufügen oder sie zu dem, was sie sind, zu machen. Der Künstler dagegen kann im Geiste durchaus nichts Körperliches durch Vorstellung empfangen, außer was er, sei es als Ganzes zusammen oder in Teilen, aus mancherlei Dingen schon irgendwie kennengelernt hat, noch kann er das im Geiste empfangene Werk verwirklichen, wenn entweder der Stoff fehlt oder etwas, ohne das das vorgedachte Werk nicht entstehen kann. Denn obwohl der Mensch ein solch geartetes Lebewesen, wie es nirgends existiert, denkend oder malend ersinnen kann, so kann er dies doch keineswegs tun, außer er setzt in ihm die Teile zusammen, die er aus anderwärts bekannten Dingen in sein Gedächtnis aufgenommen hat. Deshalb unterscheiden sich voneinander dieses innere Sprechen ihrer zu schaffenden Werke bei der schöpferischen Substanz und beim Künstler dadurch, daß jenes (Sprechen) nicht anderswoher genommen oder unterstützt ist, sondern als erste und einzige Ursache seinem Künstler zur Vollendung seines Werkes genügen konnte, dieses (Sprechen) dagegen weder erste noch einzige noch ausreichende (Ursache) ist, um sein Werk anzufangen. Darum ist das, was durch jenes geschaffen wurde, durchaus nicht etwas, was es nicht durch es ist; was aber durch dieses geschieht, wäre überhaupt nicht, wenn es nicht etwas wäre, was es nicht durch es ist.

## 12.

Da aber, wie die Vernunft lehrt, in gleicher Weise sicher ist, daß alles, was die höchste Substanz gemacht hat, sie nicht durch etwas anderes gemacht hat als durch sich selbst und alles, was sie gemacht hat, durch ihr inneres Sprechen gemacht hat, sei es, daß sie jedes einzelne durch je ein Wort, sei es besser, daß sie durch *ein* Wort alles zugleich sprach: was kann da für notwendiger erachtet werden, als daß dieses Sprechen der höchsten Wesenheit nichts anderes ist als die höchste Wesenheit?

Non igitur negligenter praetereundam huius locutionis considerationem puto; sed priusquam de illa possit tractari diligenter, eiusdem summae substantiae proprietates aliquas studiose investigandas existimo.

*Op. omnia*
*p. 27*

## 13.

Constat ergo per summam naturam esse factum, quidquid non est idem illi. Dubium autem non nisi irrationabili menti esse potest, quod cuncta quae facta sunt, eodem ipso sustinente vigent et perseverant esse, quamdiu sunt, quo faciente de nihilo habent esse quod sunt. Simili namque per omnia ratione, qua collectum est omnia quae sunt, esse per unum aliquid, unde ipsum solum est per seipsum et alia per aliud, simili, inquam, ratione potest probari, quia quaecumque vigent, per unum aliquid vigent, unde illud solum viget per seipsum et alia per aliud. Quod quoniam aliter esse non potest, nisi ut ea quae sunt facta, vigeant per aliud, et id a quo sunt facta, vigeat per seipsum: necesse est ut, sicut nihil factum est nisi per creatricem praesentem essentiam, ita nihil vigeat nisi per eiusdem servatricem praesentiam.

## 14.

Quod si ita est, immo quia ex necessitate sic est, consequitur ut, ubi ipsa non est, nihil sit. Ubique igitur est et per omnia et in omnibus. At quoniam absurdum est, ut scilicet,

Ich glaube daher, daß die Betrachtung dieses Sprechens nicht nachlässig übergangen werden darf; aber bevor über es sorgfältig gehandelt werden kann, müssen nach meinem Dafürhalten einige Eigentümlichkeiten eben dieser höchsten Substanz eifrig untersucht werden.

## 13.

Es steht also fest, daß durch die höchste Natur geschaffen wurde, was immer nicht dasselbe ist wie sie. Es kann aber nur einem unvernünftigen Geiste zweifelhaft sein, daß alles, was geschaffen wurde, durch die erhaltende Kraft eben desselben Bestand hat und, solange es ist, im Sein verharrt, durch dessen Schöpfung aus dem Nichts es verdankt, daß es ist, was es ist. Mit einem in allem ähnlichen Vernunftgrunde, mit dem geschlossen wurde, daß alles, was ist, durch ein einziges Etwas sei — weshalb dieses allein durch sich selbst ist und das andere durch ein anderes —, mit einem ähnlichen Vernunftgrunde, sage ich, kann bewiesen werden, daß alles, was Bestand hat, durch ein einziges Etwas Bestand hat, weshalb dieses allein durch sich selbst Bestand hat und das andere durch ein anderes. Weil das nicht anders sein kann, als daß das, was geschaffen wurde, durch ein anderes Bestand hat und das, von dem es geschaffen wurde, durch sich selbst Bestand hat, darum ist es notwendig, daß, wie nichts geschaffen wurde außer durch die schöpferische gegenwärtige Wesenheit, so nichts Bestand hat außer durch eben deren erhaltende Gegenwart.

## 14.

Wenn dem so ist, ja weil es notwendig so ist, folgt, daß, wo sie nicht ist, nichts ist. Überall also ist sie und durch alles und in allem. Weil es aber widersinnig ist, daß, wie durchaus nichts Geschaffenes aus der

quemadmodum nullatenus aliquid creatum potest exire creantis et foventis immensitatem, sic creans et fovens nequaquam valeat aliquomodo excedere factorum universitatem: liquet quoniam ipsa est, quae cuncta alia portat et superat, claudit et penetrat. Si igitur haec illis, quae superius sunt inventa iungantur: eadem est, quae in omnibus est et per omnia, et ex qua et per quam et in qua omnia.

Ro 11, 36;
1 Co 8, 6

Op. omnia
p. 28

## 15.

Iam non immerito valde moveor, quam studiose possum, inquirere, quid omnium quae de aliquo dici possunt, huic tam admirabili naturae queat convenire substantialiter. Quamquam enim mirer, si possit in nominibus vel verbis, quae aptamus rebus factis de nihilo, reperiri, quod digne dicatur de creatrice universorum substantia: tentandum tamen est, ad quid hanc indagationem ratio perducet.

Itaque de relativis quidem nulli dubium, quia nullum eorum substantiale est illi, de quo relative dicitur. Quare si quid de summa natura dicitur relative, non est eius significativum substantiae. Unde hoc ipsum quod summa omnium sive maior omnibus, quae ab illa facta sunt, seu aliud aliquid similiter relative dici potest: manifestum est quoniam non eius naturalem designat essentiam. Si enim nulla earum rerum umquam esset, quarum relatione summa et maior dicitur, ipsa nec summa nec maior intelligeretur; nec tamen idcirco minus bona esset aut essentialis suae magnitudinis in aliquo detrimentum pateretur. Quod ex eo manifeste cognoscitur, quoniam ipsa, quidquid boni vel magni est, non est per aliud quam per seipsam. Si igitur

Unermeßlichkeit der erschaffenden und hegenden (Wesenheit) heraustreten kann, so die erschaffende und hegende (Wesenheit) durchaus nicht irgendwie die Gesamtheit des Geschaffenen überschreiten könne: so erhellt, daß sie es ist, die alles andere trägt und überragt, umschließt und durchdringt. Fügt man also das dem, was weiter oben (*in K. 3—5*) gefunden wurde, an, so ist sie es, die in allem ist und durch alles und aus der und durch die und in der alles (ist).

## 15.

Jetzt werde ich nicht unbegründet dazu angeregt, so eifrig, als ich kann, zu erforschen, was von allem, was von etwas ausgesagt werden kann, dieser so wunderbaren Natur wesenhaft zukommen kann. Wenn es mich auch Wunder nimmt, ob in den Namen oder Worten, die wir den aus dem Nichts gemachten Dingen beilegen, etwas zu finden ist, was von der das All schaffenden Substanz angemessen ausgesagt werden kann, so ist dennoch zu erproben, zu welchem Ergebnis die Vernunftüberlegung diese Untersuchung hinführen wird.

Hinsichtlich der beziehungsweisen Dinge nun ist es zwar niemandem zweifelhaft, daß keines von ihnen dem wesenhaft zukommt, von dem es beziehungsweise ausgesagt wird. Wenn daher von der höchsten Natur etwas beziehungsweise ausgesagt wird, so bezeichnet es nicht ihre Wesenheit. Daher bezeichnet offensichtlich selbst das, daß sie die höchste von allem oder größer als alles, was von ihr geschaffen wurde, oder etwas anderes in ähnlicher Art beziehungsweise genannt werden kann, nicht ihre natürliche Wesenheit. Denn wenn es niemals eines jener Dinge gäbe, in Beziehung zu denen sie als höchste und als größer bezeichnet wird, so würde sie weder als höchste noch als größer verstanden werden, wäre deshalb dennoch nicht weniger gut oder würde an ihrer wesentlichen Größe in irgendeinem Stücke Einbuße erleiden. Das wird daraus klar erkannt, daß sie, was immer sie Gutes oder Gro-

summa natura sic potest intelligi non summa, ut tamen nequaquam sit maior aut minor, quam cum intelligitur summa omnium: manifestum est quia « summum » non simpliciter significat illam essentiam, quae omni modo maior et melior est, quam quidquid non est quod ipsa. Quod autem ratio docet de summo, non dissimiliter invenitur in similiter relativis.

Illis itaque quae relative dicuntur omissis, quia nullum eorum simpliciter demonstrat alicuius essentiam, ad alia discutienda se convertat intentio. Equidem si quis singula diligenter intueatur: quidquid est praeter relativa, aut tale est, ut ipsum omnino melius sit quam non ipsum, aut tale, ut non ipsum in aliquo melius sit quam ipsum. « Ipsum » autem et « non ipsum » non aliud hic intelligo quam verum, non verum; corpus, non corpus; et his similia.

Melius quidem est omnino aliquid quam non ipsum, ut sapiens quam non ipsum sapiens, id est: melius est sapiens quam non sapiens. Quamvis enim iustus non sapiens melior videatur quam non iustus sapiens, non tamen est melius simpliciter non sapiens quam sapiens. Omne quippe non sapiens simpliciter, inquantum non sapiens est, minus est *Op. omnia
p. 29* quam sapiens; | quia omne non sapiens melius esset, si esset sapiens. Similiter omnino melius est verum quam non ipsum, id est, quam non verum; et iustum quam non iustum; et vivit quam non vivit.

Melius autem est in aliquo non ipsum quam ipsum, ut non aurum quam aurum. Nam melius est homini esse non aurum quam aurum, quamvis forsitan alicui melius esset aurum esse quam non aurum, ut plumbo. Cum enim utrumque, scilicet homo et plumbum, sit non aurum: tanto melius aliquid est homo quam aurum, quanto inferioris esset naturae, si esset aurum; et plumbum tanto vilius est, quanto pretiosius esset, si aurum esset.

ßes ist, nicht durch ein anderes als sich selber ist. Wenn also die höchste Natur in *der* Weise als nicht-höchste verstanden werden kann, daß sie dennoch keineswegs größer oder kleiner ist, als wenn sie die höchste von allen verstanden wird, dann ist klar, daß das „Höchste" nicht schlechthin jene Wesenheit bezeichnet, die in jeder Weise größer und besser ist als alles, was nicht ist, was sie (ist). Was aber die Vernunft vom Höchsten lehrt, das ermittelt man nicht unähnlich an ähnlich beziehungsweisen Dingen.

Mit Beiseitesetzung also derjenigen Dinge, die beziehungsweise ausgesagt werden — weil keines davon die Wesenheit eines Dinges schlechthin aussagt —, soll sich unser Augenmerk der Erörterung von anderem zuwenden. Wenn nun jemand das einzelne aufmerksam betrachtet, so ist alles, was es außerhalb der Beziehungsdinge gibt, entweder so beschaffen, daß das „Es" durchweg besser ist als das „Nicht-Es"; oder so, daß das „Nicht-Es" in einem Stücke besser ist als das „Es". Unter „Es" und „Nicht-Es" aber verstehe ich hier nichts anderes als wahr, nicht-wahr; Körper, Nicht-Körper; und dem ähnliches.

Besser ist ja überhaupt etwas, als nicht-Es, wie das Weise als das Nicht-Weise; das heißt: besser ist das Weise als das Nicht-Weise. Denn obwohl der nicht weise Gerechte besser zu sein scheint als der nicht gerechte Weise, so ist dennoch das Nicht-Weise nicht schlechthin besser als das Weise. Denn alles Nicht-Weise ist schlechthin, sofern es nicht weise ist, geringer als das Weise, weil alles Nicht-Weise besser wäre, wenn es weise wäre. Ähnlich ist durchaus besser das Wahre als das Nicht-Es, das heißt als das Nicht-Wahre; und das Gerechte als das Nicht-Gerechte; und „es lebt" besser als „es lebt nicht".

Besser aber ist in manchem das „Nicht-Es" als das „Es", wie Nicht-Gold als Gold. Denn besser ist es für den Menschen nicht Gold zu sein als Gold, wenn es auch vielleicht für manches besser wäre Gold zu sein, als Nicht-Gold, wie für das Blei. Da nämlich beides, Mensch und Blei, nicht Gold ist, so ist der Mensch etwas um soviel Besseres als das Gold, als er von geringerer Natur wäre, wenn er Gold wäre; und das Blei um soviel minderwertiger, als es kostbarer wäre, wenn es Gold wäre.

Patet autem ex eo quod summa natura sic intelligi potest non summa, ut nec summum omnino melius sit quam non summum, nec non summum alicui melius quam summum: multa relativa esse, quae nequaquam hac contineantur divisione. Utrum vero aliqua contineantur, inquirere supersedeo, cum ad propositum sufficiat, quod de illis notum est: nullum scilicet eorum designare simplicem summae naturae substantiam.

Cum igitur quidquid aliud est, si singula dispiciantur, aut sit melius quam non ipsum, aut non ipsum in aliquo sit melius quam ipsum: sicut nefas est putare quod substantia supremae naturae sit aliquid, quo melius sit aliquomodo non ipsum, sic necesse est ut sit, quidquid omnino melius est quam non ipsum. Illa enim sola est qua penitus nihil est melius, et quae melior est omnibus quae non sunt, quod ipsa est.

Non est igitur corpus vel aliquid eorum, quae corporei sensus discernunt. Quippe his omnibus melius est aliquid, quod non est quod ipsa sunt. Mens enim rationalis, quae nullo corporeo sensu quid vel qualis vel quanta sit percipitur: quanto minor esset, si esset aliquid eorum quae corporeis sensibus subiacent, tanto maior est quam quodlibet eorum. Penitus enim ipsa summa essentia tacenda est esse aliquid eorum quibus est aliquid, quod non est, quod ipsa sunt, superius; et est omnino, sicut ratio docet, dicenda quodlibet eorum, quibus est omne quod non est, quod ipsa sunt, inferius. Quare necesse est eam esse viventem, sapientem, potentem et omnipotentem, veram, iustam, beatam, aeternam, et quidquid similiter absolute melius est quam non ipsum. Quid ergo quaeratur amplius, quid summa illa sit natura, si manifestum est quid omnium sit aut quid non sit?

Daraus aber, daß die höchste Natur in *der* Art als nicht-höchste verstanden werden kann, daß weder das Höchste durchaus besser ist als das Nicht-Höchste, noch das Nicht-Höchste für etwas besser ist als das Höchste, erhellt, daß es viele Beziehungsdinge gibt, die in keiner Weise in dieser Einteilung enthalten sind. Ob aber einige darin enthalten sind, erspare ich mir zu untersuchen, da für den Zweck genügt, was von ihnen bekannt ist, daß nämlich keines von ihnen das einfache Wesen der höchsten Natur bezeichnet.

Da nun was immer es sonst noch gibt, wenn das einzelne unterschieden wird, entweder besser ist als das „Nicht-Es" oder das „Nicht-Es" in irgendeinem Stücke besser ist als das „Es": so wie es Frevel ist zu meinen, daß die Wesenheit der höchsten Natur etwas sei, dem gegenüber das Nicht-Es irgendwie besser wäre, so ist es notwendig, daß sie all das sei, was durchaus besser ist als das Nicht-Es. Denn sie allein ist es, über der es gar nichts Besseres gibt und die besser ist als alles, was nicht ist, was sie ist.

Sie ist also nicht Körper oder etwas von dem, was die körperlichen Sinne unterscheiden. Denn über dem allen gibt es etwas Besseres, das nicht ist, was das ist. Je geringer nämlich der vernünftige Geist wäre, der durch keinen körperlichen Sinn in seiner Wesenheit oder Beschaffenheit oder Größe erfaßt wird, wenn er etwas von dem wäre, was den körperlichen Sinnen unterworfen ist, umso größer ist er als irgend etwas davon. Denn durchaus ist davon zu schweigen, daß die höchste Wesenheit etwas von dem sei, dem gegenüber etwas, das nicht ist, was es ist, höher ist; und es ist, wie die Vernunft lehrt, von ihr durchaus zu bejahen, daß sie ein jegliches von dem ist, dem gegenüber alles, was nicht ist, was es ist, niedriger ist. Deshalb ist es notwendig, daß sie lebend, weise, mächtig und allmächtig, wahr, gerecht, selig und ewig ist und was immer ähnlich unbedingt besser ist als das „Nicht-Es". Was soll also noch weiter gefragt werden, was diese höchste Natur ist, wenn es offensichtlich ist, was von allem sie ist oder was sie nicht ist?

Sed fortasse cum dicitur iusta vel magna vel aliquid si-
milium, non ostenditur quid sit, sed potius qualis vel quanta sit. Per qualitatem quippe vel quantitatem quodlibet
horum dici videtur. Omne namque quod iustum est, per
iustitiam iustum est. Et alia huiusmodi similiter. Quare ipsa
summa natura non est iusta nisi per iustitiam. Videtur igitur
participatione qualitatis, iustitiae scilicet, iusta dici summe
bona substantia. Quod si ita est, per aliud est iusta, non
per se.

At hoc contrarium est veritati perspectae, quia bona vel
magna vel subsistens quod est, omnino per se est, non per
aliud. Si igitur non est iusta nisi per iustitiam, nec iusta
potest esse nisi per se: quid magis conspicuum, quid magis
necessarium, quam quod eadem natura est ipsa iustitia; et
cum dicitur esse iusta per iustitiam, idem est quod per se;
et cum iusta per se dicitur esse, non aliud intelligitur quam
per iustitiam? Quapropter si quaeratur, quid sit ipsa summa natura de qua agitur: quid verius respondetur, quam:
iustitia?

Videndum igitur quomodo intelligendum sit, quando
illa natura, quae est ipsa iustitia, dicitur iusta. Quoniam
enim homo non potest esse iustitia, sed habere potest iustitiam, non intelligitur iustus homo existens iustitia, sed habens iustitiam. Quoniam igitur summa natura non proprie dicitur, quia habet iustitiam, sed existit iustitia: cum
dicitur iusta, proprie intelligitur existens iustitia, non autem habens iustitiam. Quare si, cum dicitur existens iustitia,
non dicitur qualis est, sed quid est, consequitur ut, cum
dicitur iusta, non dicatur qualis sit, sed quid sit. Deinde,

## 16.

Aber vielleicht wird, wenn sie gerecht oder groß oder etwas dergleichen genannt wird, nicht aufgezeigt, was sie ist, sondern vielmehr, wie beschaffen oder wie groß sie ist. Es scheint nämlich, daß ein jedes von diesen auf Grund von Beschaffenheit oder Größe ausgesagt wird. Denn alles, was gerecht ist, ist durch die Gerechtigkeit gerecht. Und anderes derartiges in ähnlicher Weise. Deshalb ist die höchste Natur nicht gerecht außer durch die Gerechtigkeit. Es scheint also durch Teilnahme an einer Beschaffenheit, nämlich der Gerechtigkeit, die höchst gute Substanz gerecht genannt zu werden. Wenn dem so ist, ist sie durch ein anderes gerecht, nicht durch sich.

Das aber ist entgegen der durchschauten Wahrheit (s. K. 1—4), daß sie gut oder groß oder seiend — was sie ist — ganz und gar durch sich ist, nicht durch ein anderes. Wenn sie also nicht gerecht ist außer durch die Gerechtigkeit und nicht gerecht sein kann außer durch sich: was ist dann mehr einleuchtend, was mehr notwendig, als daß diese Natur die Gerechtigkeit selbst ist; und daß, wenn gesagt wird, sie sei durch die Gerechtigkeit gerecht, es dasselbe ist wie: durch sich; und wenn es heißt, sie sei durch sich gerecht, nichts anderes verstanden wird als: durch die Gerechtigkeit? Wenn demnach gefragt wird, was diese höchste Natur sei, um die es sich handelt: was wird wahrer geantwortet als: die Gerechtigkeit?

Man muß also zusehen, wie es zu verstehen ist, wenn diese Natur, die die Gerechtigkeit selbst ist, gerecht genannt wird. Denn weil der Mensch nicht die Gerechtigkeit sein kann, sondern die Gerechtigkeit haben kann, so wird der gerechte Mensch nicht als die Gerechtigkeit seiend, sondern als die Gerechtigkeit habend verstanden. Weil also von der höchsten Natur nicht im eigentlichen Sinne gesagt wird, daß sie die Gerechtigkeit hat, sondern die Gerechtigkeit ist, so wird sie, wenn sie gerecht genannt wird, im eigentlichen Sinne als die Gerechtigkeit seiend verstanden, nicht als die Gerechtigkeit habend. Wenn darum, so oft sie die Gerechtigkeit seiend genannt wird, nicht gesagt wird, wie be-

quoniam de illa suprema essentia idem est dicere: quia est iusta, et: quia est existens iustitia; et cum dicitur: est existens iustitia, non est aliud quam: est iustitia: nihil differt in illa, sive dicatur: est iusta, sive: est iustitia. Quapropter cum quaeritur de illa „quid est“, non minus congrue respondetur: iusta, quam: iustitia.

*Op. omnia*
*p. 31*

Quod vero in exemplo iustitiae ratum esse conspicitur, hoc de omnibus, quae similiter de ipsa summa natura dicuntur, intellectus sentire per | rationem constringitur. Quidquid igitur eorum de illa dicatur, non qualis vel quanta, sed magis quid sit monstratur.

Sed palam est quia, quodlibet bonum summa natura sit, summe illud est. Illa igitur est summa essentia, summa vita, summa ratio, summa salus, summa iustitia, summa sapientia, summa veritas, summa bonitas, summa magnitudo, summa pulchritudo, summa immortalitas, summa incorruptibilitas, summa immutabilitas, summa beatitudo, summa aeternitas, summa potestas, summa unitas, quod non est aliud quam summe ens, summe vivens et alia similiter.

## 17.

Quid ergo? Si illa summa natura tot bona est: eritne composita tam pluribus bonis; an potius non sunt plura bona, sed unum bonum, tam pluribus nominibus significatum? Omne enim compositum, ut subsistat, indiget iis ex quibus componitur, et illis debet quod est; quia quidquid

schaffen sie ist, sondern was sie ist, so folgt, daß, so oft sie gerecht genannt wird, nicht gesagt wird, wie beschaffen sie ist, sondern was sie ist. Weil es ferner bei dieser höchsten Wesenheit dasselbe ist zu sagen: sie ist gerecht, und: sie ist die Gerechtigkeit seiend; und wenn es heißt: sie ist die Gerechtigkeit seiend, es nichts anderes ist als: sie ist die Gerechtigkeit: so macht es bei ihr keinen Unterschied aus, ob man sagt: sie ist gerecht, oder: sie ist die Gerechtigkeit. Wenn man daher über sie fragt: „was ist sie?", so antwortet man nicht weniger angemessen: „gerecht", als: „die Gerechtigkeit".

Was aber in dem Beispiel von der Gerechtigkeit als gültig erschaut wird, das wird der Verstand durch die Überlegung zu erkennen genötigt bei allem, was in ähnlicher Weise von dieser höchsten Natur gesagt wird. Was immer also von ihr ausgesagt werden mag, so wird nicht gezeigt, wie beschaffen oder wie groß, sondern vielmehr was sie ist.

Es ist aber offenkundig, daß, was immer für ein Gut die höchste Natur ist, sie das in höchstem Maße ist. Sie ist also die höchste Wesenheit, das höchste Leben, die höchste Vernunft, das höchste Wohlergehen, die höchste Gerechtigkeit, die höchste Weisheit, die höchste Wahrheit, die höchste Güte, die höchste Größe, die höchste Schönheit, die höchste Unsterblichkeit, die höchste Unverderblichkeit, die höchste Unveränderlichkeit, die höchste Seligkeit, die höchste Ewigkeit, die höchste Macht, die höchste Einheit; was nichts anderes ist als das höchst Seiende, das höchst Lebende und das andere ähnlich.


17.


Was nun? Wenn diese höchste Natur so viele Güter ist, wird sie dann nicht aus so vielen Gütern zusammengesetzt sein, oder sind es etwa nicht mehrere Güter, sondern ein einziges Gut, das mit so vielen Namen bezeichnet wird? Denn jedes Zusammengesetzte bedarf, um bestehen zu können, der Dinge, aus denen es zusammengesetzt ist, und

est, per illa est, et illa quod sunt, per illud non sunt; et idcirco penitus summum non est. Si igitur illa natura composita est pluribus bonis, haec omnia quae omni composito insunt, in illam incidere necesse est.

Quod nefas falsitatis aperta ratione destruit et obruit tota, quae supra patuit, necessitas veritatis. Cum igitur illa natura nullo modo composita sit, et tamen omnimodo tot illa bona sit, necesse est ut illa omnia non plura, sed unum sint. Idem igitur est quodlibet unum eorum, quod omnia sive simul sive singula. Ut cum dicitur iustitia vel essentia, idem significat quod alia, vel omnia simul vel singula. Quemadmodum itaque unum est, quidquid essentialiter de summa substantia dicitur, ita ipsa uno modo, una consideratione est quidquid est essentialiter. Cum enim aliquis homo dicatur et corpus et rationalis et homo, non uno modo vel consideratione haec tria dicitur. Secundum aliud enim est corpus, et secundum aliud rationalis, et singulum horum non est totum hoc quod est homo. Illa vero summa essentia nullo modo sic est aliquid, ut illud idem secundum alium modum aut secundum aliam considerationem non sit; quia quidquid aliquo | modo essentialiter est, hoc est totum quod ipsa est. Nihil igitur quod de eius essentia vere dicitur, in eo quod qualis vel quanta, sed in eo quod quid sit accipitur. Quidquid enim est quale vel quantum, est etiam aliud in eo quod quid est; unde non simplex, sed compositum est.

*Op. omnia*
*p. 32*

verdankt ihnen, was es ist; denn was immer es ist, ist es durch diese, und was diese sind, sind sie nicht durch jenes; und deshalb ist es durchaus nicht das Höchste. Wenn also diese Natur aus mehreren Gütern zusammengesetzt ist, dann fällt notwendig auf sie das alles, was jedem Zusammengesetzten anhaftet.

Diese frevelhafte Unwahrheit zertrümmert und begräbt durch die zutage liegende Vernünftigkeit die ganze oben offenbar gewordene zwingende Wahrheit. Da also diese Natur in keiner Weise zusammengesetzt ist und dennoch durchaus jene vielen Güter ist, so sind notwendig alle jene (Güter) nicht mehrere, sondern *eines*. Dasselbe ist also jedes beliebige *eine* von ihnen wie alle, sei es zugleich oder einzeln. So wenn sie Gerechtigkeit oder Wesenheit genannt wird, bezeichnet es dasselbe wie die anderen, sei es alle zugleich oder jedes einzelne. Gleichwie es also *eines* ist, was immer wesenhaft von der höchsten Substanz ausgesagt wird, so ist diese in *einer* Art, in *einer* Hinsicht, was immer sie wesenhaft ist. Wenn nämlich ein Mensch sowohl Körper wie vernunftbegabt und Mensch genannt wird, so wird er nicht auf *eine* Art oder in *einer* Hinsicht diese drei genannt. Denn in *einer* Hinsicht ist er Körper und in einer anderen vernunftbegabt, und jedes von ihnen ist nicht dieses Ganze, das der Mensch ist. Jene höchste Wesenheit aber ist auf keine Weise so, daß sie nach einer anderen Art oder nach einer anderen Hinsicht nicht jenes selbe wäre; denn was immer sie auf irgendeine Weise wesenhaft ist, das ist das Ganze, das sie ist. Nichts also, was von ihrem Wesen wahrhaft ausgesagt wird, wird aufgefaßt im Sinne einer Beschaffenheit oder einer Größe, sondern einer Wesenheit. Denn was immer eine Beschaffenheit oder eine Größe hat, ist auch anders in seiner Wesenheit; daher ist es nicht einfach, sondern zusammengesetzt.

## 18.

Ex quo igitur haec tam simplex natura creatrix et vigor omnium fuit, vel usquequo futura est? An potius nec ex quo nec usquequo est, sed sine principio et sine fine est? Si enim principium habet, aut ex se vel per se hoc habet, aut ex alio vel per aliud, aut ex nihilo vel per nihil. Sed constat per veritatem iam perspectam, quia nullo modo ex alio vel ex nihilo, aut per aliud vel per nihil est. Nullo igitur modo per aliud vel ex alio, aut per nihil vel ex nihilo initium sortita est. Ex seipsa vero vel per se initium habere non potest, quamquam ex seipsa et per seipsam sit. Sic enim est ex se et per se, ut nullo modo sit alia essentia, quae est per se et ex se, et alia per quam et ex qua est. Quidquid autem ex aliquo vel per aliquid incipit esse, non est omnino idem illi, ex quo vel per quod incipit esse. Summa igitur natura non incepit per se vel ex se. Quoniam igitur nec per se nec ex se, nec per aliud nec ex alio, nec per nihil nec ex nihilo habet principium, nullo modo habet principium.

Sed neque finem habebit. Si enim finem habitura est, non est summe immortalis et summe incorruptibilis. Sed constat, quia est summe et immor|talis et incorruptibilis. Non habebit igitur finem.

*Op. omnia*
*p. 33*

Amplius. Si finem habitura est, aut volens aut nolens deficiet. Sed pro certo non est simplex bonum, cuius voluntate perit summum bonum. At ipsa est verum et simplex bonum. Quare sua sponte non deficiet ipsa, quam certum est esse summum bonum. Si vero nolens peritura est, non est summe potens nec omnipotens. Sed rationis necessitas asseruit eam esse summe potentem et omnipotentem. Non ergo nolens deficiet. Quare si nec volens nec nolens summa natura finem habebit, nullo modo finem habebit.

# 18.

Seit wann also war diese so einfache Natur, Schöpferin und Lebenskraft von allem, oder bis wann wird sie sein?

Ist sie wohl eher weder seit einem Wann, noch bis zu einem Wann, sondern ist ohne Anfang und ohne Ende? Wenn sie nämlich einen Anfang hat, hat sie ihn entweder aus sich beziehungsweise durch sich, oder aus einem anderen beziehungsweise durch ein anderes, oder aus nichts beziehungsweise durch nichts. Es steht aber durch die bereits durchschaute Wahrheit fest (*s. K. 6 und 7*), daß sie auf keine Weise aus einem anderen oder aus nichts, beziehungsweise durch ein anderes oder durch nichts ist. Sie hat also auf keine Weise durch ein anderes beziehungsweise aus einem anderen, oder durch nichts beziehungsweise aus nichts ihren Anfang erlangt. Aus sich selbst aber oder durch sich kann sie keinen Anfang haben, obwohl sie aus sich selbst und durch sich selbst ist. So nämlich ist sie aus sich und durch sich, daß es auf keine Weise eine andere Wesenheit ist, die durch sich und aus sich ist, und eine andere, durch die und aus der sie ist. Was immer aber aus etwas oder durch etwas zu sein anfängt, ist nicht durchaus dasselbe wie das, aus dem oder durch das es zu sein anfängt. Die höchste Natur hat also nicht durch sich oder aus sich angefangen. Weil sie also weder durch sich beziehungsweise aus sich, noch durch ein anderes beziehungsweise aus einem anderen, noch durch nichts beziehungsweise aus nichts den Anfang hat, hat sie auf keine Weise einen Anfang.

Sie hat aber auch kein Ende. Denn wenn sie ein Ende haben wird, ist sie nicht höchst unsterblich und höchst unverderblich. Es steht aber fest (*aus K. 15 u. 16*), daß sie sowohl höchst unsterblich als auch höchst unverderblich ist. Sie wird also kein Ende haben.

Ferner: Wenn sie ein Ende haben wird, wird sie entweder freiwillig oder unfreiwillig aufhören. Aber gewiß ist das nicht ein einfaches Gut, durch dessen Willen das höchste Gut zugrunde geht. Sie ist aber das wahre und einfache Gut. Deshalb wird sie, von der gewiß ist, daß sie das höchste Gut ist, nicht freiwillig aufhören. Wenn sie aber unfrei-

Amplius. Si summa illa natura principium vel finem habet, non est vera aeternitas, quod esse supra inexpugnabiliter inventum est. Deinde cogitet qui potest, quando incepit aut quando non fuit hoc verum: scilicet quia futurum erat aliquid; aut quando desinet et non erit hoc verum: videlicet quia praeteritum erit aliquid. Quodsi neutrum horum cogitari potest, et utrumque hoc verum sine veritate esse non potest: impossibile est vel cogitare, quod veritas principium aut finem habeat.

Denique si veritas habuit principium vel habebit finem: antequam ipsa inciperet, verum erat tunc quia non erat veritas; et postquam finita erit, verum erit tunc quia non erit veritas. Atqui verum non potest esse sine veritate. Erat igitur veritas, antequam esset veritas; et erit veritas, postquam finita erit veritas; quod inconvenientissimum est. Sive igitur dicatur veritas habere, sive intelligatur non habere principium vel finem: nullo claudi potest veritas principio vel fine. Quare idem sequitur de summa natura, quia ipsa summa veritas est.

## 19.

Sed ecce iterum insurgit nihil, et quaecumque hactenus ratio veritate et necessitate concorditer attestantibus disseruit, asserit esse nihil. Si enim ea quae supra digesta sunt,

willig zugrunde gehen wird, so ist sie nicht höchst mächtig und all-mächtig. Aber zwingende Vernunftüberlegung hat dargetan, daß sie höchst mächtig und allmächtig ist. Sie wird also nicht unfreiwillig auf-hören. Wenn demnach die höchste Natur weder freiwillig noch un-freiwillig ein Ende haben wird, wird sie auf keine Weise ein Ende haben.

Ferner: Wenn jene höchste Natur Anfang und Ende hat, ist sie nicht die wahre Ewigkeit; daß sie das ist, ist oben (*K. 16*) unanfechtbar ge-funden worden. Sodann denke, wer es vermag, wann begonnen hat oder wann das nicht wahr war, nämlich daß etwas zukünftig war; oder wann aufhören wird und das nicht wahr sein wird, nämlich daß etwas vergangen sein wird. Wenn nun keines von diesen beiden ge-dacht werden kann und beides ohne die Wahrheit nicht wahr sein kann, so ist es unmöglich auch nur zu denken, daß die Wahrheit einen Anfang oder ein Ende habe.

Schließlich, wenn die Wahrheit einen Anfang gehabt hat oder ein Ende haben wird, so war damals, bevor sie begann, wahr, daß keine Wahrheit war; und nachdem sie beendet sein wird, wird dann wahr sein, daß keine Wahrheit sein wird. Wahres kann aber nicht ohne Wahrheit sein. Es gab also Wahrheit, bevor die Wahrheit war; und es wird Wahrheit geben, nachdem die Wahrheit beendet sein wird; was ganz ungereimt ist. Ob also behauptet wird, die Wahrheit habe An-fang und Ende, oder ob eingesehen wird, daß sie diese nicht hat: die Wahrheit kann durch einen Anfang oder ein Ende nicht eingeschlossen werden. Daher folgt dasselbe inbezug auf die höchste Natur, weil sie die höchste Wahrheit ist.

## 19.

Aber siehe, wiederum erhebt sich das Nichts und behauptet, alles, was bisher die Vernunft unter einträchtiger Bezeugung der Wahrheit und Notwendigkeit erörtert hat, sei nichts. Denn wenn das, was oben

necessariae veritatis munimine firmata sunt, non fuit ali-

Op. omnia
p. 34

quid ante summam essentiam nec erit aliquid post eam. |
Quare nihil fuit ante eam et nihil erit post eam. Nam aut
aliquid aut nihil necesse est praecessisse vel subsecuturum
esse. Qui autem dicit, quia nihil fuit ante ipsam et nihil erit
post ipsam, id pronuntiare videtur, quia fuit ante ipsam,
quando nihil erat, et erit post ipsam, quando nihil erit.
Quando ergo nihil erat, illa non erat; et quando nihil erit,
illa non erit. Quomodo ergo non incepit ex nihilo, aut
quomodo non deveniet ad nihilum, si illa nondum erat,
cum iam erat nihil, et eadem iam non erit, cum adhuc erit
nihil? Quid igitur molita est tanta moles argumentorum,
si tam facile demolitur nihilum molimina eorum? Si namque constituitur, ut summum esse nihilo et praecedenti
succedat et subsequenti decedat: quidquid supra statuit
verum necesse, destituitur per inane nihilum. An potius
repugnandum est nihilo, ne tot structurae necessariae rationis expugnentur a nihilo, et summum bonum, quod lu-
cerna veritatis quaesitum et inventum est, amittatur pro
nihilo?

Potius igitur asseratur, si fieri potest, quia nihil non
fuit ante summam essentiam nec erit post illam, quam, dum
locus datur ante vel post illam nihilo, per nihilum reduca-
tur ad nihil illud esse, quod per seipsum conduxit id, quod
erat nihil, ad esse.

Duplicem namque una pronuntiatio gerit sententiam,
cum dicitur quia nihil fuit ante summam essentiam. Unus
enim est eius sensus: quia, priusquam summa essentia esset,
fuit, cum erat nihil; alter vero eius est intellectus: quia ante
summam essentiam non fuit aliquid. Veluti si dicam: nihil
me docuit volare, hoc aut sic exponam: quia ipsum « nihil »,

gebucht wurde, mit dem Bollwerk der zwingenden Wahrheit befestigt wurde, dann war vor der höchsten Wesenheit nicht etwas, noch wird etwas nach ihr sein. Daher war nichts vor ihr und wird nichts nach ihr sein. Denn es ist notwendig, daß entweder etwas oder nichts vorausgegangen ist oder nachfolgen wird. Wer aber behauptet, daß nichts vor ihr war und nichts nach ihr sein wird, scheint das zu verkünden, daß vor ihr (eine Zeit) gewesen sei, als nichts war, und nach ihr (eine Zeit) sein werde, da nichts sein wird. Als demnach das Nichts war, war sie nicht, und wenn das Nichts sein wird, wird sie nicht sein. Wieso hat sie also nicht aus dem Nichts angefangen oder wieso wird sie nicht zum Nichts gelangen, wenn sie noch nicht war, als das Nichts schon war, und sie nicht mehr sein wird, wenn das Nichts noch sein wird? Wozu also hat sich eine solche Masse von Beweisen in Bewegung gesetzt, wenn das Nichts so leicht ihre Bauten niederreißt? Wenn nämlich aufgestellt wird, das höchste Sein folge sowohl dem vorausgehenden Nichts, wie es dem nachfolgenden weiche, so wird alles, was die wahre Notwendigkeit oben festgesetzt hat, durch das nichtige Nichts preisgegeben. Sollte man nicht lieber dem Nichts widerstehen, damit nicht so viele Bauten der notwendigen Vernunftüberlegung vom Nichts erstürmt werden und das höchste Gut, das mit der Leuchte der Wahrheit gesucht und gefunden wurde, um des Nichts willen verloren gehe?

Eher also möge, wenn es geschehen kann, behauptet werden, daß das Nichts vor der höchsten Wesenheit nicht war noch nach ihr sein wird, als daß, während dem Nichts vor oder nach ihr ein Platz eingeräumt wird, durch das Nichts jenes Sein ins Nichts versetzt werde, das durch sich selbst das, was nichts war, zum Sein gebracht hat.

Denn einen doppelten Sinn enthält die *eine* Aussage, mit der man sagt, daß nichts vor der höchsten Wesenheit war. Denn ihr einer Sinn ist: bevor die höchste Wesenheit war, war (eine Zeit), da das Nichts war; ihre andere Bedeutung aber ist: vor der höchsten Wesenheit gab es nicht irgendetwas. Wie wenn ich sage: „nichts hat mich fliegen gelehrt", ich das entweder so auslege: das Nichts selber, das „Nichtetwas" bezeichnet, lehrte mich fliegen, und das wird falsch sein; oder:

quod significat « non aliquid », docuit me volare, et erit falsum; aut: quia non me docuit aliquid volare, quod est verum. Prior itaque sensus est, quem sequitur supra tractata inconvenientia, et omnimoda ratione pro falso repellitur; alter vero est, qui superioribus perfecta cohaeret convenientia et tota illorum contextione verus esse compellitur. Quare cum dicitur quia nihil fuit ante illam, secundum posteriorem intellectum accipiendum est, nec sic est exponendum, ut intelligatur aliquando fuisse, quando illa non erat et nihil erat; sed ita, ut intelligatur quia ante illam non fuit aliquid. Eadem ratio est duplicis intellectus, si nihil dicatur post illam esse futurum.

Op. omnia
p. 35

Si ergo haec interpretatio quae facta est de nihilo, | diligenter discernitur, verissime nec aliquid nec nihil summam essentiam aut praecessisse aut subsecuturum esse, et nihil fuisse ante vel post illam esse secuturum concluditur; et tamen nulla iam constitutorum soliditas nihili inanitate concutitur.

## 20.

Quamquam autem supra conclusum sit, quia creatrix haec natura ubique et in omnibus et per omnia sit, et ex eo quia nec incepit nec desinet esse, consequatur quia semper fuit et est et erit: sentio tamen quiddam contradictionis summurmurare, quod me cogit diligentius, ubi et quando illa sit, indagare. Itaque summa essentia aut ubique et semper est, aut tantum alicubi et aliquando, aut nusquam et numquam. Quod dico aut in omni loco vel tempore, aut determinate in aliquo, aut in nullo.

„nicht lehrte mich etwas fliegen", was wahr ist. Der erste Sinn ist es demnach, dem die oben behandelte Ungereimtheit folgt und der durch allseitige Vernunftüberlegung als falsch zurückgewiesen wird; der andere dagegen ist es, der mit dem obigen durch vollkommene Übereinstimmung verbunden ist und durch das ganze Gewebe des obigen notwendig als wahr erwiesen wird. Wenn also gesagt wird, daß nichts vor ihr war, so ist das nach der letzteren Bedeutung aufzufassen; und es ist nicht so auszulegen, daß verstanden wird, es sei einmal (eine Zeit) gewesen, da sie nicht war und das Nichts war, sondern so, daß verstanden wird: vor ihr war nicht etwas. Dieselbe Überlegung von dem doppelten Sinn gilt, wenn gesagt wird, daß nichts nach ihr sein werde.

Wenn also diese Deutung, die über das Nichts gegeben wurde, sorgfältig geprüft wird, dann wird aufs wahrste geschlossen, daß weder etwas noch nichts der höchsten Wesenheit vorausgegangen ist noch ihr folgen wird und daß nichts vor ihr gewesen ist oder nach ihr folgen wird; und dennoch wird die Festigkeit des bereits Aufgebauten durch keine Nichtigkeit des Nichts erschüttert.

## 20.

Obgleich aber oben (*K. 14*) geschlossen wurde, daß diese schöpferische Natur überall und in allem und durch alles ist, und daraus, daß sie zu sein weder angefangen hat noch aufhören wird (*s. K. 18*), folgt, daß sie immer war und ist und sein wird, so werde ich doch das Murren eines gewissen Widerspruchs gewahr, das mich zwingt, genauer zu erforschen, wo und wann sie ist. Also die höchste Wesenheit ist entweder überall und immer, oder nur irgendwo und irgendwann, oder nirgends und nie. Damit sage ich: entweder an jedem Orte beziehungsweise zu jeder Zeit, oder begrenzt an einem (Orte) beziehungsweise zu einer (Zeit), oder an keinem (Orte) beziehungsweise zu keiner (Zeit).

Sed quid videtur repugnantius, quam ut, quod verissime et summe est, id nusquam et numquam sit? Falsum est igitur nusquam vel numquam illam esse. Deinde, quoniam nullum bonum nec penitus aliquid est sine ea: si ipsa nusquam vel numquam est, nusquam vel numquam aliquod bonum est, et nusquam vel numquam omnino aliquid est. Quod quam falsum sit, nec dicere opus est. Falsum igitur est et illud, quod illa nusquam et numquam sit.

Aut est ergo determinate alicubi et aliquando, aut ubique et semper. At si determinate est in aliquo loco vel tempore: ibi et tunc tantum, ubi et quando ipsa est, potest aliquid esse; ubi vero et quando ipsa non est, ibi et tunc penitus nulla est essentia, quia sine ea nihil est. Unde consequetur ut sit aliquis locus et aliquod tempus, ubi et quando nihil omnino est. Quod quoniam falsum est — ipse namque locus et ipsum tempus aliquid est —, non potest esse summa natura alicubi vel aliquando determinate.

Quod si dicitur quia determinate ipsa per se alicubi et aliquando est, sed per potentiam suam est, ubicumque vel quandocumque aliquid est: non est verum. Quoniam enim potentiam | eius nihil aliud quam ipsam esse manifestum est, nullo modo potentia eius sine ipsa est. Cum ergo non sit alicubi vel aliquando determinate, necesse est ut sit ubique et semper, id est, in omni loco vel tempore.

*Op. omnia*
*p. 36*

## 21.

Quod si ita est, aut tota est in omni loco vel tempore, aut tantum quaelibet pars eius, ut altera pars sit extra omnem locum et tempus. Si vero partim est et partim non est in omni loco vel tempore, partes habet; quod falsum est. Non igitur partim est ubique et semper.

Was aber scheint mehr widersprechend, als daß das, was am wahrsten und höchsten ist, nirgends und nie ist? Es ist also falsch, daß sie nirgends und nie ist. Weil es ferner kein Gut noch überhaupt etwas ohne sie gibt, so ist, wenn sie nirgends oder nie ist, nirgends und nie irgendein Gut und nirgends und nie überhaupt etwas. Wie falsch das ist, braucht man nicht zu sagen. Falsch ist somit auch das, daß sie nirgends und nie ist.

Sie ist also entweder begrenzt irgendwo und irgendwann, oder überall und immer. Wenn sie aber begrenzt an einem Orte oder zu einer Zeit ist, kann nur dort und dann, wo und wann sie ist, etwas sein; wo und wann sie aber nicht ist, dort und dann ist überhaupt keine Wesenheit, weil ohne sie nichts ist. Daraus wird folgen, daß es einen Ort und eine Zeit gibt, wo und wann überhaupt nichts ist. Weil das falsch ist — denn Ort und Zeit ist selbst etwas —, kann die höchste Natur nicht irgendwo oder irgendwann begrenzt sein.

Sagt man aber, sie sei durch sich irgendwo und irgendwann begrenzt, durch ihre Macht aber sei sie, wo immer und wann immer etwas ist, so ist das nicht wahr. Denn weil es offenbar ist, daß ihre Macht nichts anderes ist als sie selbst, so ist ihre Macht auf keine Weise ohne sie. Da sie also nicht irgendwo oder irgendwann begrenzt ist, ist es notwendig, daß sie überall und immer sei, das heißt an jedem Orte beziehungsweise zu jeder Zeit.


21.


Wenn dem so ist, ist sie entweder ganz an jedem Orte beziehungsweise zu jeder Zeit oder nur irgendein Teil von ihr, so daß der andere Teil außerhalb jedes Ortes und jeder Zeit ist. Ist sie aber zum Teil an jedem Orte beziehungsweise zu jeder Zeit und zum Teil nicht, so hat sie Teile; was falsch ist. Sie ist also nicht zum Teil überall und immer.

Tota autem quomodo est ubique et semper? Aut enim sic est intelligendum, ut tota semel sit in omnibus locis vel temporibus, et per partes in singulis; aut sic, ut tota sit etiam in singulis. Verum si per partes est in singulis, non effugit partium compositionem et divisionem; quod valde alienum a summa natura inventum est. Quapropter non est ita tota in omnibus locis aut temporibus, ut per partes sit in singulis.

Restat altera pars discutienda, scilicet: qualiter summa natura tota sit in omnibus et singulis locis vel temporibus. Hoc nimirum esse non potest, nisi aut simul aut diversis temporibus.

Sed quoniam ratio loci ac ratio temporis, quas hactenus simul progressas eisdem vestigiis una potuit indagare prosecutio, hic ab invicem digredientes disputationem videntur diversis quasi fugere anfractibus, singulatim suis investigentur discussionibus. Primum ergo videatur, si summa natura tota possit esse in singulis locis aut simul aut per diversa tempora. Deinde id ipsum in temporibus inquiratur.

Si igitur tota est simul in singulis locis, per singula loca sunt singulae totae. Sicut enim locus a loco distinguitur, ut singula loca sint, ita id quod totum est in uno loco, ab eo quod eodem tempore totum est in alio loco distinguitur, ut singula tota sint. Nam quod totum est in aliquo loco, nihil eius est quod non sit in ipso loco. At de quo nihil est quod non sit in aliquo loco, nihil est de eo quod sit eodem tempore extra eundem locum. Quod igitur totum est in aliquo loco, nihil eius est quod eodem tempore sit extra ipsum locum. Sed de quo nihil est extra quemlibet locum, nihil eius

Wie aber ist sie ganz überall und immer? Denn das ist entweder so zu verstehen, daß sie einmal ganz an allen Orten beziehungsweise zu allen Zeiten ist und in Teilen an den einzelnen (Orten und zu den einzelnen Zeiten); oder so, daß sie ganz auch an den einzelnen (Orten beziehungsweise zu den einzelnen Zeiten) ist. Wenn sie aber in Teilen an den einzelnen (Orten beziehungsweise zu den einzelnen Zeiten) ist, so entgeht sie nicht der Zusammensetzung und Scheidung von Teilen; was als der höchsten Natur sehr fremd erfunden worden ist. Deshalb ist sie nicht in *der* Weise ganz an allen Orten oder zu allen Zeiten, daß sie in Teilen an den einzelnen (Orten beziehungsweise zu den einzelnen Zeiten) ist.

Es bleibt noch der andere Teil zu erörtern, nämlich wie die höchste Natur ganz an allen und an den einzelnen Orten beziehungsweise zu allen und zu den einzelnen Zeiten ist. Das kann sie natürlich nicht sein außer entweder gleichzeitig oder zu verschiedenen Zeiten.

Weil aber der Begriff des Ortes und der Begriff der Zeit, die bisher zugleich voranschritten und die durch dieselben Fährten ein einziges Vorgehen erforschen konnte, hier voneinander abweichend die Erörterung durch verschiedene Wegkrümmungen gleichsam zu fliehen scheinen, so sollen sie einzeln durch ihre eigenen Erörterungen erforscht werden. Zuerst soll also gesehen werden, ob die höchste Natur ganz an den einzelnen Orten entweder zugleich oder zu verschiedenen Zeiten sein kann. Dann soll dasselbe bei den Zeiten untersucht werden.

Wenn sie also zugleich ganz an den einzelnen Orten ist, so sind an den einzelnen Orten einzelne Ganze. Denn wie sich Ort von Ort unterscheidet, so daß es einzelne Orte sind, so unterscheidet sich das, was ganz an einem Orte ist, von dem, was zur gleichen Zeit ganz an einem anderen Orte ist, so daß es einzelne Ganze sind. Denn was ganz an irgendeinem Orte ist, von dem gibt es nichts, was nicht an diesem Orte wäre. Von dem es aber nichts gibt, das nicht an einem Orte wäre, von dem gibt es nichts, was zur selben Zeit außerhalb dieses Ortes wäre. Was also ganz an irgendeinem Orte ist, von dem gibt es nichts, was zu gleicher Zeit außerhalb dieses Ortes wäre. Von dem es aber nichts au-

est eodem tempore in alio loco. Quare quod totum est | in quolibet loco, nihil eius est simul in alio loco. Quod igitur totum est in aliquo loco: quomodo totum quoque est simul in alio loco, si nihil de eo potest esse in alio loco? Quoniam igitur unum totum non potest esse simul in diversis locis totum, consequitur ut per singula loca singula sint tota, si in singulis locis simul aliquid est totum. Quapropter si summa natura tota est uno tempore in singulis omnibus locis: quot singula loca esse possunt, tot singulae summae naturae sunt; quod irrationabile est opinari. Non est igitur tota uno tempore in singulis locis.

At vero, si diversis temporibus tota est in singulis locis: quando est in uno loco, nullum bonum et nulla essentia est interim in aliis locis; quia sine ea prorsus aliquid non existit. Quod absurdum esse vel ipsa loca probant, quae non nihil, sed aliquid sunt. Non est itaque summa natura tota in singulis locis diversis temporibus. Quod si nec eodem tempore nec diversis temporibus tota est in singulis locis: liquet quia nullo modo est tota in singulis omnibus locis.

Nunc est indagandum, si eadem summa natura sit tota in singulis temporibus, aut simul aut distincte per singula tempora. Sed quomodo est aliquid totum simul in singulis temporibus, si ipsa tempora simul non sunt? Si vero separatim et distincte tota est in singulis temporibus, quemadmodum aliquis homo totus est heri et hodie et cras: proprie dicitur quia fuit et est et erit. Ergo eius aetas, quae nihil aliud est quam eius aeternitas, non est tota timul, sed est partibus extensa per temporum partes. At eius aeternitas nihil aliud est quam ipsa. Summa igitur essentia erit divisa per partes secundum temporum distinctiones. Si enim eius aetas per temporum cursus producitur, habet cum ipsis

ßerhalb eines beliebigen Ortes gibt, von dem ist nichts zur selben Zeit an einem anderen Orte. Was demnach ganz an einem beliebigen Orte sich befindet, von dem ist nichts zugleich an einem anderen Orte. Was also ganz an irgendeinem Orte ist: wie sollte das auch ganz zugleich an einem anderen Orte sein, wenn nichts von ihm an einem anderen Orte sein kann? Weil also *ein* Ganzes nicht zugleich an verschiedenen Orten ganz sein kann, folgt, daß an den einzelnen Orten einzelne Ganze sind, wenn an den einzelnen Orten zugleich etwas ganz ist. Wenn deshalb die höchste Natur zu einer Zeit ganz an allen einzelnen Orten ist, so gibt es so viele einzelne höchste Naturen, als einzelne Orte sein können; was zu denken unvernünftig ist. Sie ist also nicht ganz zu *einer* Zeit an den einzelnen Orten.

Wenn sie aber zu verschiedenen Zeiten ganz an den einzelnen Orten ist, so ist, wenn sie sich an *einem* Orte befindet, inzwischen kein Gut und keine Wesenheit an anderen Orten, weil ohne sie etwas überhaupt nicht existiert. Daß das widersinnig ist, beweisen sogar die Orte selbst, die nicht nichts, sondern etwas sind. Es ist somit die höchste Natur nicht ganz an den einzelnen Orten zu verschiedenen Zeiten. Wenn sie weder zur selben Zeit noch zu verschiedenen Zeiten ganz an den einzelnen Orten ist, so ist klar, daß sie auf keine Weise ganz an allen einzelnen Orten ist.

Jetzt ist zu erforschen, ob diese höchste Natur ganz zu den einzelnen Zeiten ist, sei es zugleich oder geschieden durch die einzelnen Zeiten. Aber wie ist etwas ganz zugleich in den einzelnen Zeiten, wenn die Zeiten selbst nicht zugleich sind? Wenn sie aber getrennt und unterschieden ganz zu den einzelnen Zeiten ist, wie ein Mensch ganz gestern und heute und morgen ist, dann wird von ihr im eigentlichen Sinne gesagt, daß sie war, ist und sein wird. Ihre Zeitdauer, die nichts anderes als ihre Ewigkeit ist, ist also nicht ganz zugleich, sondern ist in Teilen durch die Teile der Zeiten hin ausgedehnt. Ihre Ewigkeit ist aber nichts anderes als sie selbst. Also wird die höchste Natur gemäß den Unterschieden der Zeiten durch Teile geschieden sein. Denn wenn ihre Zeitdauer durch die Läufe der Zeiten erzeugt wird, dann hat sie

temporibus praesens, praeteritum et futurum. Quid autem aliud est eius vel aetas vel existendi diuturnitas, quam eius aeternitas? Ergo cum eius aeternitas nihil aliud sit quam eius essentia, sicut supra digesta ratio indubitabiliter probat: si eius aeternitas habet praeteritum, praesens et futurum, consequenter quoque | eius essentia habet praeteritum, praesens et futurum. At quod praeteritum est, non est praesens vel futurum; et quod praesens est, non est futurum nec praeteritum; et quod futurum est, non est praeteritum vel praesens. Quomodo igitur stabit, quod supra rationabili et perspicua necessitate claruit, scilicet quia illa summa natura nullo modo composita, sed summe simplex est et summe incommutabilis, si aliud et aliud est in diversis temporibus et per tempora distributas habet partes? Aut potius, si illa vera sunt, immo quia liquida vera sunt: quomodo haec possibila sunt? Nullo igitur modo creatrix essentia aut aetas aut aeternitas eius recipit praeteritum vel futurum. Praesens enim quomodo non habet, si vere est? Sed « fuit » significat praeteritum, et « erit » futurum. Numquam igitur illa fuit vel erit. Quare non est distincte sicut nec simul tota in diversis singulis temporibus.

*Op. omnia*
*p. 38*

Si igitur, sicut discussum est, nec sic est tota in omnibus locis vel temporibus, ut semel sit tota in omnibus et per partes in singulis, nec sic ut tota sit in singulis: manifestum est quoniam non est ullo modo tota in omni loco vel tempore. Et quoniam similiter pervisum est, quia non sic est in omni loco vel tempore, ut pars sit in omni et pars sit extra omnem locum aut tempus, impossibile est ut sit ubique et semper. Nullatenus enim potest intelligi esse ubique et semper, nisi aut tota aut pars. Quod si nequaquam est ubique et semper: aut erit determinate in aliquo loco vel tempore, aut in nullo. Determinate autem eam in aliquo non posse

mit diesen Zeiten Gegenwart, Vergangenheit und Zukunft. Was ist aber ihre Zeitdauer oder ihre Existenzdauer anderes als ihre Ewigkeit? Wenn also ihre Ewigkeit nichts anderes ist als ihre Wesenheit, wie die oben (*K. 17*) vollzogene Überlegung unbezweifelbar beweist, dann hat, wenn ihre Ewigkeit Vergangenheit, Gegenwart und Zukunft hat, folgerichtig auch ihre Wesenheit Vergangenheit, Gegenwart und Zukunft. Was aber Vergangenheit ist, ist nicht Gegenwart oder Zukunft; und was Gegenwart ist, ist nicht Zukunft noch Vergangenheit; und was Zukunft ist, ist nicht Vergangenheit oder Gegenwart. Wie wird also standhalten, was oben (*K. 17*) mit vernunftgemäßer und einleuchtender Notwendigkeit erhellt, daß nämlich jene höchste Natur in keiner Weise zusammengesetzt, sondern höchst einfach ist und höchst unveränderlich, wenn sie anderes und anderes ist zu verschiedenen Zeiten und durch die Zeiten hin ausgebreitete Teile hat? Oder vielmehr, wenn jenes wahr ist, ja weil es klare Wahrheit ist: wie ist dies möglich? Auf keine Weise also nimmt die schöpferische Wesenheit oder ihre Zeitdauer oder ihre Ewigkeit Vergangenheit oder Zukunft an. Denn wie sollte sie die Gegenwart nicht haben, wenn sie wahrhaft ist? Aber „ist gewesen" bezeichnet die Vergangenheit und „wird sein" die Zukunft. Niemals also ist sie gewesen oder wird sie sein. Darum ist sie nicht getrennt wie auch nicht zugleich ganz zu den verschiedenen einzelnen Zeiten.

Wenn sie also, wie erörtert wurde, weder so ganz an allen Orten beziehungsweise zu allen Zeiten ist, daß sie einmal ganz an allen Orten beziehungsweise zu allen Zeiten und durch Teile an allen einzelnen Orten beziehungsweise zu allen einzelnen Zeiten ist, noch so, daß sie ganz an den einzelnen Orten beziehungsweise zu den einzelnen Zeiten ist, dann ist offensichtlich, daß sie auf keine Weise ganz an jedem Ort und zu jeder Zeit ist. Und weil in ähnlicher Weise genau erkannt wurde, daß sie nicht so an jedem Orte oder zu jeder Zeit ist, daß ein Teil an jedem Ort und zu jeder Zeit und ein Teil außerhalb jedes Ortes oder jeder Zeit ist, ist es unmöglich, daß sie überall und immer ist. Denn es kann durchaus nicht verstanden wer-

esse iam discussum est. In nullo igitur loco vel tempore, id est, nusquam et numquam est. Non enim potest esse nisi aut in omni aut in aliquo. Sed rursus cum constet inexpugnabiliter non solum quia est per se et sine principio et sine fine, sed quia aliquid sine ea nec usquam nec umquam est, necesse est illam esse ubique et semper.

*Op. omnia*
*p. 39*

## 22.

Quomodo ergo convenient haec tam contraria secundum prolationem et tam necessaria secundum probationem? Fortasse quodam modo est summa natura in loco vel tempore, quo non prohibetur sic esse simul tota in singulis locis vel temporibus, ut tamen non sint plures totae, sed una sola tota, nec eius aetas, quae non est nisi vera aeternitas, non sit distributa in praeteritum, praesens et futurum. Non enim videntur hac lege loci ac temporis cogi nisi ea, quae sic sunt in loco vel tempore, ut loci spatium aut temporis diuturnitatem non excedant. Quare sicut de iis quae huiusmodi sunt, unum idemque totum simul non posse esse totum in diversis locis et temporibus omni veritate asseritur, ita in iis quae huiusmodi non sunt, id ipsum nulla necessitate concluditur. Iure namque dici videtur quod tantum eius rei sit aliquis locus, cuius quantitatem locus circumscribendo continet et continendo circumscribit; et quod eius

den, daß sie überall und immer sei, es sei denn entweder als ganze oder als Teil. Wenn sie auf keine Weise überall und immer ist, so wird sie entweder begrenzt an irgendeinem Orte oder zu irgendeiner Zeit sein oder an keinem Orte und zu keiner Zeit. Daß sie aber begrenzt an irgendeinem Orte oder zu irgendeiner Zeit nicht sein kann, wurde schon erörtert (*in K. 20*). Also ist sie an keinem Orte, beziehungsweise zu keiner Zeit, das heißt, sie ist nirgends und nie. Denn sie kann nur sein entweder an jedem Orte beziehungsweise zu jeder Zeit oder an irgendeinem Orte beziehungsweise zu irgendeiner Zeit. Weil aber andererseits unwiderleglich feststeht *(aus K. 18 u. 19)* nicht nur, daß sie durch sich und ohne Anfang und ohne Ende ist, sondern (auch) daß etwas ohne sie weder irgendwo noch irgendwann ist, ist es notwendig, daß sie überall und immer ist.


## 22.

Auf welche Weise also wird das, was dem Wortlaute nach so entgegengesetzt und der Beweisführung nach so notwendig ist, zusammenkommen? Vielleicht ist die höchste Natur auf eine gewisse Weise in Ort und Zeit, durch die sie nicht gehindert wird, auf solche Art gleichzeitig ganz an den einzelnen Orten oder zu den einzelnen Zeiten zu sein, daß es dennoch nicht mehrere Ganze sind, sondern nur *ein* Ganzes ist, und daß ihre Zeitdauer, die nichts anderes ist als die wahre Ewigkeit, nicht in Vergangenheit, Gegenwart und Zukunft verteilt ist. Denn es scheint durch dieses Gesetz von Ort und Zeit nur das beengt zu werden, was so in Ort oder Zeit ist, daß es die Ausdehnung des Ortes und die Dauer der Zeit nicht überschreitet. Wie deshalb bei dem, was so geartet ist, in aller Wahrheit gesagt wird, daß ein- und dasselbe Ganze nicht gleichzeitig ganz an verschiedenen Orten und zu verschiedenen Zeiten sein kann, so wird dasselbe bei dem, was nicht so geartet ist, mit keiner Notwendigkeit gefolgert. Mit Recht nämlich scheint gesagt zu werden, daß es nur von *dem* Dinge einen Ort gibt, dessen Größe der

solum rei sit aliquod tempus, cuius diuturnitatem tempus metiendo aliquomodo terminat et terminando metitur. Quapropter cuius amplitudini aut diuturnitati nulla meta vel a loco vel a tempore opponitur, illi nullum esse locum vel tempus vere proponitur. Quoniam namque nec locus illi facit quod locus, nec tempus quod tempus, non irrationabiliter dicitur, quia nullus locus est eius locus, et nullum tempus est eius tempus. Quod vero nullum locum aut tempus habere conspicitur, id profecto nullatenus loci aut temporis legem subire convincitur. Nulla igitur lex loci aut temporis naturam ullam aliquomodo cogit, quam nullus locus ac tempus aliqua continentia claudit.

Quaenam autem rationalis consideratio omnimoda ratione non excludat, ut creatricem summamque omnium substantiam, quam necesse est alienam esse et liberam a natura et iure omnium, quae ipsa de nihilo fecit, ulla loci cohibitio vel temporis includat, cum potius eius potentia, *Op. omnia*
*p. 40* quae nihil | est aliud quam eius essentia, cuncta a se facta sub se continendo concludat? Quomodo quoque non est impudentis imprudentiae dicere quod summae veritatis aut locus circumscribat quantitatem aut tempus metiatur diuturnitatem, quae nullam penitus localis vel temporalis distentionis magnitudinem suscipit vel parvitatem?

Quoniam itaque loci haec est et temporis conditio, ut tantummodo, quidquid eorum metis clauditur, nec partium fugiat rationem, vel qualem suscipit locus eius secundum quantitatem, vel qualem patitur tempus eius secundum diuturnitatem, nec ullo modo possit totum a diversis locis vel temporibus simul contineri; quidquid vero loci vel temporis continentia nequaquam coërcetur, nulla locorum vel temporum lege ad partium multiplicitatem cogatur, aut

Ort umschreibend einschließt und einschließend umschreibt; und daß es nur von *dem* Dinge eine Zeit gibt, dessen Dauer die Zeit messend irgendwie begrenzt und begrenzend mißt. Deshalb wird dem, dessen Weite oder Dauer keine Grenze, sei es vom Orte oder von der Zeit, entgegengesetzt wird, wahrhaft in Aussicht gestellt, daß es keinen Ort oder keine Zeit hat. Weil nämlich weder der Ort ihm tut, was des Ortes ist, noch die Zeit, was der Zeit ist, so wird nicht unvernünftig gesagt, daß kein Ort sein Ort ist und keine Zeit seine Zeit ist. Wovon aber erkannt wird, daß es keinen Ort und keine Zeit hat, von dem wird in der Tat nachgewiesen, daß es durchaus nicht das Gesetz des Ortes und der Zeit erleidet. Mithin beengt kein Gesetz von Ort oder Zeit irgendwie eine Natur, welche kein Ort und keine Zeit durch irgendeine Umgrenzung einschließt.

Welche vernünftige Überlegung sollte nicht mit umfassender Begründung ausschließen, daß die schöpferische und höchste Substanz von allen, die notwendig andersgeartet ist und frei von der Natur und dem Rechte von allem, was sie selbst aus dem Nichts gemacht hat, irgendeine Schranke von Ort oder Zeit einschließt, da vielmehr ihre Macht, die nichts anderes ist als ihre Wesenheit, alles von ihr Geschaffene unter sich zähmend umschließt? Wie sollte es auch nicht ein Zeichen von unverschämtem Unverstand sein zu behaupten, daß der höchsten Wahrheit Größe ein Ort umschreibe oder ihre Dauer eine Zeit messe, welche durchaus keine Größe oder Kleinheit örtlicher oder zeitlicher Ausdehnung annimmt?

Weil also die Lage von Ort und Zeit die ist, daß nur das, was in ihren Grenzen eingeschlossen ist, weder dem Los von Teilen entgeht — sei es, welches sein Ort nach der Größe aufnimmt, sei es, welches seine Zeit nach der Dauer erleidet — noch auf irgendeine Weise als Ganzes von verschiedenen Orten oder Zeiten zugleich umschlossen werden kann; daß aber alles, was durch Umfassung von Ort oder Zeit keineswegs eingeschränkt wird, durch kein Gesetz der Orte und Zeiten zur Vervielfältigung der Teile gezwungen oder ganz zugleich an mehreren Orten oder zu verschiedenen Zeiten gegenwärtig zu sein gehindert

praesens esse totum simul pluribus locis aut temporibus prohibeatur; quoniam, inquam, haec est conditio loci ac temporis, procul dubio summa substantia, quae nulla loci vel temporis continentia cingitur, nulla eorum lege constringitur. Quare quoniam summam essentiam totam et inevitabilis necessitas exigit nulli loco vel tempori deesse, et nulla ratio loci aut temporis prohibet omni loco vel tempori simul totam adesse: necesse est eam simul totam omnibus et singulis locis et temporibus praesentem esse. Non enim, quia huic loco vel tempori praesens est, idcirco prohibetur illi vel illi loco aut tempori simul et similiter praesens esse; nec, quoniam fuit aut est aut erit, ideo aeternitatis eius aliquid evanuit a praesenti tempore cum praeterito, quod iam non est; aut transit cum praesenti, quod vix est; aut venturum est cum futuro, quod nondum est. Nullatenus namque cogitur vel prohibetur lege locorum aut temporum alicubi aut aliquando esse vel non esse, quod nullo modo intra locum vel tempus claudit suum esse. Nam si ipsa summa essentia dicitur esse in loco aut tempore: quamvis de illa et de localibus sive temporalibus naturis una sit prolatio propter loquendi consuetudinem, diversus tamen est intellectus propter rerum dissimilitudinem. In illis namque duo quaedam eadem prolatio significat, id est: quia et praesentia sunt locis et temporibus, in quibus esse dicuntur, et quia continentur ab ipsis; in summa vero essentia unum tantum percipitur, id est: quia praesens est, non etiam quia continetur.

Op. omnia
p. 41
Unde, si usus loquendi admitteret, convenientius dici videretur esse cum loco vel tempore quam in loco vel tempore. Plus enim significatur contineri aliquid, cum dicitur esse in alio, quam cum dicitur esse cum alio. In nullo itaque loco vel tempore proprie dicitur esse, quia omnino a nullo

wird; weil, sage ich, dies die Lage von Ort und Zeit ist, so wird ohne Zweifel die höchste Substanz, die durch keine Umfassung von Ort und Zeit eingeschlossen wird, durch keines ihrer Gesetze eingeschränkt. Weil daher unausweichliche Notwendigkeit fordert, daß die höchste Wesenheit als ganze keinem Ort oder keiner Zeit fehle und andererseits keine Wesenseigenschaft des Ortes und der Zeit sie hindert, jedem Orte oder jeder Zeit gegenwärtig zu sein, ist es notwendig, daß sie zugleich ganz allen und den einzelnen Orten und Zeiten gegenwärtig ist. Denn nicht deshalb, weil sie diesem Ort oder dieser Zeit gegenwärtig ist, ist es ihr verwehrt, jenem oder jenem Ort oder jener oder jener Zeit zugleich und in ähnlicher Weise gegenwärtig zu sein; noch ist deshalb, weil sie war oder ist oder sein wird, etwas von ihrer Ewigkeit entschwunden aus der Gegenwart mit der Vergangenheit, die nicht mehr ist, oder geht vorüber mit der Gegenwart, die kaum ist, oder wird kommen mit der Zukunft, die noch nicht ist. Keineswegs nämlich wird durch das Gesetz der Orte oder Zeiten gezwungen oder gehindert, irgendwo oder irgendwann zu sein oder nicht zu sein, was auf keine Weise sein Sein innerhalb von Ort oder Zeit einschließt. Denn wenn man sagt, diese höchste Wesenheit sei in Ort oder Zeit, so ist, wenngleich es von ihr und den ort- oder zeitgebundenen Naturen infolge der Sprachgewohnheit ein- und dieselbe Aussage ist, dennoch wegen der Unähnlichkeit der Dinge der Sinn verschieden. Bei jenen nämlich bedeutet dieselbe Aussage zweierlei, nämlich: daß sie den Orten und Zeiten, in denen sie sein sollen, gegenwärtig sind; und: daß sie von diesen umfaßt werden; bei der höchsten Wesenheit wird nur das Eine verstanden, nämlich: daß sie gegenwärtig ist, nicht auch, daß sie umfaßt wird.

Daher schiene es — wenn es der Sprachgebrauch zuließe — passender, daß gesagt würde, sie sei mit Ort oder Zeit, als in Ort oder Zeit. Denn eher wird bezeichnet, daß etwas umfaßt wird, wenn man sagt, es sei in einem anderen, als wenn man sagt, es sei mit einem anderen. Es wird also im eigentlichen Sinne gesagt, sie sei an keinem Orte oder zu keiner Zeit, weil sie durchaus von keinem andern umfaßt wird; und dennoch kann man sagen, sie sei auf ihre eigene Weise an jedem Orte

alio continetur, et tamen in omni loco vel tempore suo quodam modo dici potest esse; quoniam quidquid aliud est, ne in nihilum cadat, ab ea praesente sustinetur. In omni loco et tempore est, quia nulli abest; et in nullo est, quia nullum locum aut tempus habet. Nec in se recipit distinctiones locorum aut temporum, ut hic vel illic vel alicubi, aut nunc vel tunc vel aliquando; nec secundum labile praesens tempus quo utimur est, aut secundum praeteritum vel futurum fuit aut erit, quoniam haec circumscriptorum et mutabilium propria sunt, quod illa non est; et tamen haec de ea quodammodo dici possunt, quoniam sic est praesens omnibus circumscriptis et mutabilibus, ac si illa eisdem circumscribatur locis et mutetur temporibus. Patet itaque, quantum sat est ad dissolvendam quae insonabat contrarietatem: qualiter summa omnium essentia ubique et semper et nusquam et numquam, id est, in omni et nullo loco aut tempore sit, iuxta diversorum intellectuum concordem veritatem.

### 23.

Verum cum constet eandem summam naturam non magis esse in omnibus locis quam in omnibus quae sunt, non velut quae contineatur, sed quae penetrando cuncta contineat: cur non dicatur esse ubique hoc sensu, ut potius intelligatur esse in omnibus quae sunt, quam tantum in omnibus locis; cum hunc intellectum et rei veritas exhibeat, et ipsa localis verbi proprietas nequaquam prohibeat? Solemus namque saepe localia verba irreprehensibiliter attribuere rebus, quae nec loca sunt nec circumscriptione locali continentur. Velut si dicam ibi esse intellectum in anima,

oder zu jeder Zeit, weil alles, was es sonst noch gibt, von ihrem Gegen-
wärtigsein getragen wird, daß es nicht ins Nichts versinkt. An jedem
Orte und zu jeder Zeit ist sie, weil sie keinem (und keiner) fehlt; und in
keinem (und keiner) ist sie, weil sie keinen Ort oder keine Zeit hat.
Sie nimmt auch keine Orts- oder Zeitunterschiede in sich auf, wie „hier"
oder „dort" oder „irgendwo", oder „jetzt" oder „dann" oder „irgendwann"; noch ist sie nach Art der gleitenden Gegenwart, die wir haben,
oder war oder wird sie sein nach Art von Vergangenheit oder Zukunft,
weil das Eigenschaften der umschriebenen und veränderlichen Dinge
sind, was sie nicht ist; und dennoch kann dies von ihr in gewissem
Sinne ausgesagt werden, weil sie derart allen umschriebenen und veränderlichen Dingen gegenwärtig ist, als würde sie von denselben Orten umschrieben und durch dieselben Zeiten verändert. So ist nun klar,
soweit es zur Lösung des Widerstreites, der laut wurde, genügt, wie die
höchste Wesenheit von allen überall und immer und nirgends und nie,
das heißt an jedem und keinem Orte und zu jeder und keiner Zeit ist,
gemäß der übereinstimmenden Wahrheit verschiedener Auffassungs-
weisen.

## 23.

Weil aber feststeht (*aus K. 14*), daß die höchste Natur nicht mehr an
allen Orten ist als in allem, was es gibt — nicht als solche, die umfaßt würde, sondern als solche, die alles, es durchdringend, umfaßt —:
warum sollte man nicht sagen, sie sei überall, in dem Sinne, daß eher
zu verstehen ist, sie sei in allem, was es gibt, als nur an allen Orten, da
einerseits die Wahrheit der Sache diese Auffassung anbietet und es auf
der anderen Seite die Eigenart des ortsbezeichnenden Wortes selbst
durchaus nicht verbietet? Wir pflegen nämlich ortsbezeichnende Wörter
untadelig Dingen beizulegen, die weder Orte sind noch durch örtliche
Umgrenzung umfaßt werden. Zum Beispiel wenn ich sage, dort sei in

ubi est rationalitas. Nam cum « ibi » et « ubi » localia verba
sint, non tamen | locali circumscriptione aut anima continet
aliquid, aut intellectus vel rationalitas continentur. Quare
summa natura secundum rei veritatem aptius dicitur esse
ubique secundum hanc significationem, ut intelligatur esse
in omnibus quae sunt, quam si intelligitur tantum in omnibus locis. Et quoniam, sicut supra expositae rationes do-
cent, aliter esse non potest, necesse est eam sic esse in omnibus quae sunt, ut una eademque perfecte tota simul sit in
singulis.

Op. omnia
p. 42

### 24.

Eandem quoque summam substantiam constat sine principio et fine esse, nec habere praeteritum aut futurum, nec
temporale, hoc est labile praesens quo nos utimur; quoniam
aetas sive aeternitas eius, quae nihil aliud est quam ipsa,
immutabilis et sine partibus est. Nonne ergo «semper»,
quod videtur designare totum tempus, multo verius, si de
illa dicitur, intelligitur significare aeternitatem, quae sibi
ipsi numquam est dissimilis, quam temporum varietatem,
quae sibi semper in aliquo est non similis? Quare si dicitur
semper esse: quoniam idem est illi esse et vivere, nihil melius intelligitur quam aeterne esse vel vivere, id est, inter-
minabilem vitam perfecte simul totam obtinere. Videtur
enim eius aeternitas esse interminabilis vita simul perfecte
tota existens. Cum enim supra iam satis liqueat quod eadem substantia non sit aliud quam vita sua et aeternitas
sua, nec sit aliquo modo terminabilis, nec nisi simul et perfecte tota: quid aliud est vera aeternitas, quae illi soli con-

der Seele der Verstand, wo die Denkkraft ist. Denn obwohl „dort" und „wo" ortsbezeichnende Wörter sind, umfaßt weder die Seele etwas durch örtliche Umgrenzung noch werden Verstand oder Denkkraft durch eine solche umfaßt. Deshalb sagt man von der höchsten Natur der Wahrheit der Sache nach passender, sie sei überall, in der Bedeutung, daß verstanden wird, sie sei in allem, was ist, als wenn verstanden wird, sie sei nur an allen Orten. Und weil es, wie die oben dargelegten Gründe lehren, nicht anders sein kann, ist es notwendig, daß sie so in allem, was ist, sei, daß ein- und dieselbe vollkommen ganz zugleich in dem einzelnen ist.

## 24.

Es steht auch fest (aus K. 18), daß diese höchste Substanz ohne Anfang und ohne Ende ist, noch Vergangenheit oder Zukunft hat, noch zeitliche, das heißt dahingleitende Gegenwart, die wir haben, weil ihre Zeitdauer oder Ewigkeit, die nichts anderes ist als sie selbst, unveränderlich und ohne Teile ist. Wird also nicht eingesehen, daß „immer", das die ganze Zeit zu bezeichnen scheint, wenn es von ihr ausgesagt wird, viel wahrer die Ewigkeit anzeigt, die sich selbst niemals unähnlich ist, als den Wechsel der Zeiten, der sich immer in irgendeinem Stücke nicht ähnlich ist? Wenn also gesagt wird, sie sei immer, so wird, weil für sie sein und leben dasselbe ist, nichts Besseres verstanden, als daß sie ewig ist oder lebt, das heißt das unbeendbare Leben vollkommen auf einmal ganz innehat. Denn es scheint ihre Ewigkeit zu sein unbeendbares Leben, das auf einmal vollkommen ganz besteht. Da nämlich oben (aus K. 17) zur Genüge erhellt, daß diese Substanz nichts anderes ist als ihr Leben und ihre Ewigkeit und daß sie nicht irgendwie beendbar ist und nur auf einmal und vollkommen ganz ist: was anderes ist die wahre Ewigkeit, die ihr allein zukommt, als unbeendbares

venit, quam interminabilis vita simul et perfecte tota existens? Nam vel hoc solo veram aeternitatem soli illi inesse substantiae, quae sola non facta, sed factrix esse inventa est, aperte percipitur: quoniam vera aeternitas principii finisque meta carere intelligitur; quod nulli rerum creatarum convenire eo ipso, quod de nihilo factae sunt, convincitur.

*Op. omnia*
*p. 43*

## 25.

Sed haec essentia, quam patuit omnimode sibi esse eandem substantialiter: nonne aliquando est a se diversa vel accidentaliter? Verum quomodo est summe incommutabilis, si per accidentia potest, non dicam esse, sed vel intelligi variabilis? Et econtra, quomodo non est particeps accidentis, cum hoc ipsum quod maior est omnibus aliis naturis et quod illis dissimilis est, illi videatur accidere? Sed quid repugnant quorundam, quae accidentia dicuntur, susceptibilitas, et naturalis incommutabilitas, si ex eorum assumptione nulla substantiam consequatur variabilitas? Omnium quippe quae accidentia dicuntur, alia non nisi cum aliqua participantis variatione adesse et abesse posse intelliguntur, ut omnes colores; alia nullam omnino vel accedendo vel recedendo mutationem circa id de quo dicuntur, efficere noscuntur, ut quaedam relationes. Constat namque quia homini post annum praesentem nascituro nec maior nec minor nec aequalis sum nec similis. Omnes autem has relationes utique, cum natus fuerit, sine omni mei mutatione ad illum habere potero et amittere secundum quod crescet vel per qualitates diversas mutabitur. Palam itaque fit, quia eorum quae accidentia dicuntur,

Leben, das auf einmal und vollkommen ganz besteht?[1] Denn schon daraus allein, daß die wahre Ewigkeit nur der Substanz innewohnt, die allein nicht als geschaffene, sondern als schaffende erfunden wurde, wird deutlich erfaßt, daß die wahre Ewigkeit als entbehrend der Grenze des Anfangs und des Endes erkannt wird; daß das keinem der geschaffenen Dinge zukommt, wird schon dadurch bewiesen, daß sie aus dem Nichts geschaffen sind.

## 25.

Aber ist diese Wesenheit, von der offenbar wurde (in K. 16—17), daß sie auf alle Weise sich substanziell gleich ist, nicht vielleicht irgendeinmal wenigstens akzidentell von sich verschieden? Aber wie ist sie höchst unveränderlich, wenn sie durch Akzidenzien veränderlich, ich will nicht sagen sein, aber wenigstens gedacht werden kann? Und wie ist sie auf der anderen Seite eines Akzidens nicht teilhaftig, da gerade dies, daß sie größer ist als alle anderen Naturen und daß sie ihnen unähnlich ist, ihr zuzustoßen scheint? Aber was widerstreiten sich die Aufnahmefähigkeit von einigen Dingen, die Akzidenzien genannt werden, und die natürliche Unveränderlichkeit, wenn aus ihrer Aufnahme der Substanz keinerlei Veränderlichkeit nachfolgt? Von allen Dingen nämlich, die Akzidenzien genannt werden, wird bei den einen erkannt, daß sie nur mit einer gewissen Veränderung des teilhabenden Dinges da sind und weg sind, wie bei allen Farben; bei den anderen nimmt man wahr, daß sie beim Kommen oder Weggehen ganz und gar keine Veränderung an dem Dinge, von dem sie ausgesagt werden, bewirken, wie bei gewissen Beziehungen. Denn es steht fest, daß ich gegenüber einem Menschen, der nach dem gegenwärtigen Jahre geboren werden wird, weder größer noch kleiner noch gleich bin noch

---

1. Siehe Boethius, *De consolatione philosophiae*, Buch V, Prosa 6 (Migne, *Patrologia Latina* 63, 858).

quaedam aliquatenus attrahant commutabilitatem, quaedam vero nullatenus subtrahant immutabilitatem.

Sicut igitur summa natura accidentibus mutationem efficientibus numquam in sua simplicitate locum tribuit, sic secundum ea quae nullatenus summae incommutabilitati repugnant, aliquando dici aliquid non respuit, et tamen aliquid eius essentiae, unde ipsa variabilis intelligi possit, non accidit.

Unde hoc quoque concludi potest, quia nullius accidentis susceptibilis est. Quippe quemadmodum illa accidentia, quae mutationem aliquam accedendo vel recedendo faciunt, ipso suo effectu vere accidere rei quam mutant, perpenduntur, sic illa quae a simili effectu deficiunt, improprie dici accidentia deprehenduntur. Sicut ergo semper sibi est omni modo eadem substantialiter, ita numquam est a se diversa ullo modo vel accidentaliter. Sed quoquo modo

*Op. omnia*
*p. 44*

sese habeat ratio de proprietate nominis accidentium: | illud sine dubio verum est, quia de summe incommutabili natura nihil potest dici, unde mutabilis possit intelligi.

## 26.

Sed si ratum est quod de huius naturae simplicitate perspectum est: quomodo substantia est? Nam cum omnis substantia admixtionis differentiarum vel mutationis acci-

ähnlich. Alle diese Beziehungen aber werde ich natürlich, wenn er geboren sein wird, ohne jede Veränderung meinerseits zu ihm haben und verlieren können, je nachdem er wachsen oder sich durch verschiedene Beschaffenheiten verändern wird. So wird es offensichtlich, daß von den Dingen, die Akzidenzien heißen, einige bis zu einem gewissen Grade Veränderlichkeit nach sich ziehen, einige aber durchaus nicht die Unveränderlichkeit rauben.

Wie also die höchste Natur den Akzidenzien, die eine Veränderung bewirken, niemals in ihrer Einfachheit Raum gewährt, so verschmäht sie nicht, nach Art derer, die der höchsten Unveränderlichkeit durchaus nicht widerstreiten, zuweilen als etwas bezeichnet zu werden, und doch stößt ihrer Wesenheit nichts zu, weshalb sie als veränderlich erkannt werden könnte.

Daher kann auch das gefolgert werden, daß sie für kein Akzidens aufnahmefähig ist. Wie nämlich bei den Akzidenzien, die eine Veränderung im Kommen und Gehen bewirken, erwogen wird, daß sie durch diese ihre Wirkung dem Ding, das sie verändern, wirklich zustoßen (*accidere!*), so erkennt man bei denen, denen es an einer ähnlichen Wirkung gebricht, daß sie in uneigentlichem Sinne Akzidenzien genannt werden. Wie sie also immer sich selber auf jede Weise substantiell gleich bleibt, so ist sie niemals auf irgendeine Weise auch nur akzidentell von sich verschieden. Aber wie immer es sich mit dem eigentlichen Sinn des Namens „Akzidenzien" verhält: das ist ohne Zweifel wahr, daß von der höchst unveränderlichen Natur nichts ausgesagt werden kann, woraus sie als veränderlich verstanden werden könnte.


## 26.


Wenn aber gültig ist, was über die Einfachheit dieser Natur durchschaut wurde (*in K. 17 ff.*): wie ist sie dann Substanz? Denn während jede Substanz für die Beimischung von Unterschieden oder für die Ver-

dentium sit susceptibilis: huius immutabilis sinceritas omni-
modae admixtioni sive mutationi est inaccessibilis. Quomodo ergo obtinebitur eam esse quamlibet substantiam,
nisi dicatur substantia pro essentia, et sic sit extra, sicut est
supra omnem substantiam? Nam quantum illud esse, quod
per se est quidquid est, et de nihilo facit omne aliud esse,
diversum est ab eo esse, quod per aliud fit de nihilo quidquid est: tantum omnino distat summa substantia ab iis,
quae non sunt idem quod ipsa. Cumque ipsa sola omnium
naturarum habeat a se sine alterius naturae auxilio esse
quidquid est: quomodo non est singulariter absque suae
creaturae consortio quidquid ipsa est? Unde, si quando illi
est cum aliis nominis alicuius communio, valde procul
dubio intelligenda est diversa significatio.

*Op. omnia*
*p. 45*

## 27.

Constat igitur quia illa substantia nullo communi substantiarum tractatu includitur, a cuius essentiali commu-
nione omnis natura excluditur. Nempe cum omnis substantia tractetur aut esse universalis, quae pluribus substantiis
essentialiter communis est, ut hominem esse commune est
singulis hominibus; aut esse individua, quae universalem
essentiam communem habet cum aliis, quemadmodum sin-
guli homines commune habent cum singulis, ut homines
sint: quomodo aliquis summam naturam in aliarum substantiarum tractatu contineri intelligit, quae nec in plures
substantias se dividit, nec cum alia aliqua per essentialem
communionem se colligit?

Quoniam tamen ipsa non solum certissime existit, sed
etiam summe omnium existit, et cuiuslibet rei essentia dici

änderung der Akzidenzien aufnahmefähig ist, ist ihre unveränderliche Unversehrtheit jedweder Beimischung oder Veränderung unzugänglich. Wie wird man also festhalten, daß sie irgendwie Substanz ist, es sei denn, daß man Substanz für Wesenheit sagt, und sie so außerhalb jeder Substanz steht, wie sie über ihr steht? Denn so sehr jenes Sein, das durch sich ist, was immer es ist, und das aus dem Nichts jedes andere Sein schafft, verschieden ist von dem Sein, das durch ein anderes aus dem Nichts wird, was immer es ist, ebensosehr unterscheidet sich durchaus die höchste Substanz von dem, was nicht dasselbe ist wie sie. Und da sie allein von allen Naturen aus sich, ohne Hilfe einer anderen Natur, das Sein hat, was immer sie ist: wie ist sie nicht in einzigartiger Weise, ohne Gemeinschaft mit ihrer Schöpfung, was immer sie ist? Wenn sie also mit anderen irgendeinen Namen gemeinsam hat, so ist (darunter) ohne Zweifel eine sehr verschiedene Bedeutung zu verstehen.

## 27.

Es steht also fest, daß diese Substanz, von deren wesenhafter Gemeinschaft jede Natur ausgeschlossen ist, in keinem allgemeinen Traktat von den Substanzen eingeschlossen ist. Denn da nach dem Traktat jede Substanz entweder eine allgemeine ist, die mehreren Substanzen wesenhaft gemeinsam ist, wie Mensch sein den einzelnen Menschen gemeinsam ist, oder eine individuelle ist, die die allgemeine Wesenheit mit anderen gemeinsam hat, wie die einzelnen Menschen mit den einzelnen gemeinsam haben, daß sie Menschen sind: wie versteht einer, daß im Traktat von den anderen Substanzen die höchste Natur enthalten sei, die sich weder in mehrere Substanzen teilt noch sich mit irgendeiner anderen durch eine wesenhafte Gemeinschaft zusammengesellt?[1]

1. Eine für die Stellung Anselms zur Universalienfrage wichtige Stelle.

solet substantia: profecto, si quid digne dici potest, non prohibetur dici substantia. Et quoniam non noscitur dignior essentia quam spiritus aut corpus, et ex his spiritus dignior est quam corpus, utique eadem asserenda est esse spiritus, non corpus. Quoniam autem nec ullae partes sunt eiusdem spiritus, nec plures esse possunt eiusmodi spiritus, necesse est ut sit omnino individuus spiritus. Quoniam enim, sicut supra constat, nec partibus est compositus, nec ullis differentiis vel accidentibus intelligi potest esse mutabilis: impossibile est ut qualibet sectione sit divisibilis.

## 28.

Videtur ergo consequi ex praecedentibus quod iste spiritus, qui sic suo quodam mirabiliter singulari et singulariter mirabili modo est, quadam | ratione solus sit, alia vero, quaecumque videntur esse, huic collata non sint. Si enim diligenter intendatur, ille solus videbitur simpliciter et perfecte et absolute esse, alia vero omnia fere non esse et vix esse. Quoniam namque idem spiritus propter incommutabilem aeternitatem suam nullo modo secundum aliquem motum dici potest, quia fuit vel erit, sed simpliciter est; nec mutabiliter est aliquid quod aliquando aut non fuit aut non erit; neque non est quod aliquando fuit aut erit, sed quidquid est semel et simul et interminabiliter est; quoniam, inquam, huiusmodi est eius esse, iure ipse simpliciter et absolute et perfecte dicitur esse.

Quoniam vero alia omnia mutabiliter secundum aliquid

Op. omnia
p. 46

Weil sie jedoch nicht nur aufs gewisseste existiert, sondern auch am höchsten von allem existiert, und das Wesen eines jeden beliebigen Dinges Substanz genannt zu werden pflegt, so wird fürwahr, wenn sie etwas auf würdige Weise genannt werden kann, kein Hindernis bestehen, daß man sie Substanz nennt. Und weil man keine höherstehende Wesenheit kennt als den Geist oder den Körper, und von diesen der Geist höher steht als der Körper, so ist natürlich zu sagen, daß sie Geist ist, nicht Körper. Weil aber dieser Geist weder Teile hat noch es mehrere solcher Geister geben kann, ist es notwendig, daß er ein durchaus individueller Geist ist. Denn weil er, wie oben feststeht (*aus K. 17 u. 25*), weder aus Teilen zusammengesetzt ist, noch verstanden werden kann, daß er durch irgendwelche Unterschiede oder Akzidenzien veränderlich sein kann, ist es unmöglich, daß er durch irgendwelche Zerlegung teilbar ist.

## 28.

Es scheint also aus dem Vorhergehenden zu folgen, daß dieser Geist, der so in seiner gleichsam wunderbar einzigartigen und einzigartig wunderbaren Weise ist, in gewissem Sinne allein ist, das andere aber, was immer es zu sein scheint, mit ihm verglichen nicht ist. Denn wenn man genau achtgibt, wird man sehen, daß jener allein schlechthin und vollkommen und unbedingt ist, alles andere hingegen fast nicht ist und kaum ist. Weil nämlich von diesem Geiste wegen seiner unveränderlichen Ewigkeit auf keine Weise nach Art einer Bewegung gesagt werden kann: „er war", oder: „er wird sein", sondern schlechthin „er ist"; (weil) er weder in veränderlicher Weise etwas ist, das einmal entweder nicht war oder nicht sein wird, noch nicht ist, was einmal war oder sein wird, sondern was immer er ist, einmal und zugleich und unbegrenzbar ist; weil, sage ich, solcherart sein Sein ist, sagt man mit Recht, er sei schlechthin und unbedingt und vollkommen.

Weil aber alles andere in veränderlicher Weise in einer Hinsicht ein-

aliquando aut fuerunt aut erunt quod non sunt, aut sunt quod aliquando non fuerunt vel non erunt; et quoniam hoc quia fuerunt iam non est, illud autem, scilicet quia erunt, nondum est, et hoc quod in labili brevissimoque et vix existente praesenti sunt, vix est; quoniam ergo tam mutabiliter sunt: non immerito negantur simpliciter et perfecte et absolute esse, et asseruntur fere non esse et vix esse. Deinde, cum omnia quaecumque aliud sunt quam ipse, de non esse venerint ad esse non per se, sed per aliud; et cum de esse redeant ad non esse, quantum ad se, nisi sustineantur per aliud: quomodo illis convenit simpliciter aut perfecte sive absolute esse, et non magis vix esse aut fere non esse? Cumque esse solius eiusdem ineffabilis spiritus nullo modo intelligi possit aut ex non esse inceptum, aut aliquem pati posse ex eo quod est in non esse defectum; et quidquid ipse est, non sit per aliud quam per se, id est, per hoc quod ipse est: nonne huius esse merito solum intelligitur simplex perfectumque et absolutum? Quod vero sic simpliciter et omnimoda ratione solum est perfectum, simplex et absolutum, id nimirum quodam modo iure dici potest solum esse. Et econtra, quidquid per superiorem rationem nec simpliciter nec perfecte nec absolute esse, sed vix esse aut fere non esse cognoscitur, id utique aliquo modo recte non esse dicitur. Secundum hanc igitur rationem solus ille creator spiritus est, et omnia creata non sunt; nec tamen omnino non sunt, quia per illum, qui solus absolute est, de nihilo aliquid facta sunt.

mal entweder war oder sein wird, was es nicht ist, oder ist, was einmal nicht war oder nicht sein wird; und weil das, daß es war, nicht mehr ist, das aber, nämlich daß es sein wird, noch nicht ist, und das, was in der gleitenden und äußerst kurzen und kaum wirklichen Gegenwart ist, kaum ist; weil es also in solch veränderlicher Weise ist, wird nicht mit Unrecht verneint, daß es schlechthin und vollkommen und unbedingt ist, und erklärt, daß es fast nicht ist und kaum ist. Da ferner alles, was anders ist als er, vom Nichtsein zum Sein gelangt ist, nicht durch sich, sondern durch ein anderes; und da es, soweit es an ihm liegt, vom Sein zum Nichtsein zurückkehrt, wenn es nicht durch ein anderes erhalten wird: wie soll dem zukommen, schlechthin und vollkommen und unbedingt zu sein und nicht vielmehr kaum zu sein oder fast nicht zu sein? Und da von dem Sein desselben unaussprechlichen Geistes allein auf keine Weise verstanden werden kann, daß es entweder aus dem Nichtsein angefangen hat oder ein Abgleiten aus dem, was es ist, in das Nichtsein erleiden kann; und (da) er alles, was er ist, nicht durch ein anderes ist als durch sich, das heißt durch das, was er selbst ist: wird da nicht mit Recht sein Sein allein als das einfache, vollkommene und unbedingte erkannt? Was aber so schlechthin und in jeder Hinsicht allein vollkommen, einfach und unbedingt ist, von dem kann natürlich in gewissem Sinne gesagt werden, daß es allein ist. Und umgekehrt, von all dem, von dem durch obige Überlegung erkannt wird, daß es weder schlechthin noch vollkommen noch unbedingt ist, sondern kaum ist oder fast nicht ist, von dem wird freilich in gewisser Weise mit Recht gesagt, daß es nicht ist. Infolge dieser Überlegung also ist allein jener Schöpfer-Geist, und alles Geschaffene ist nicht; jedoch ist es nicht gänzlich nicht, weil es durch ihn, der allein unbedingt ist, aus dem Nichts zu etwas gemacht worden ist.

29.

Iam vero iis quae de proprietatibus huius summae naturae ad praesens mihi ducem rationem sequenti occurrerunt perspectis opportunum existimo, ut de eius locutione, per quam facta sunt omnia, si quid possum, considerem. Etenim cum omnia quae de illa supra potui animadvertere, rationis robur inflexibile teneant, illud me maxime cogit de illa diligentius discutere, quia idipsum quod ipse summus spiritus est probatur esse. Si enim ille nihil fecit nisi per seipsum, et quidquid ab eo factum est, per illam est factum: quomodo illa est aliud quam quod est idem ipse?

Amplius. Asserunt utique inexpugnabiliter ea quae iam inventa sunt, quia nihil omnino potuit umquam aut potest subsistere praeter creantem spiritum et eius creaturam. Hanc vero spiritus eiusdem locutionem impossibile est inter creata contineri, quoniam quidquid creatum subsistit, per illam factum est, illa vero per se fieri non potuit. Nihil quippe per seipsum fieri potest, quia quidquid fit, posterius est eo per quod fit, et nihil est posterius seipso. Relinquitur itaque ut haec summi spiritus locutio, cum creatura esse non possit, non sit aliud quam summus spiritus.

Denique haec ipsa locutio nihil aliud potest intelligi quam eiusdem spiritus intelligentia, qua cuncta intelligit. Quid enim est aliud illi rem loqui aliquam hoc loquendi modo quam intelligere? Nam non ut homo, non semper dicit quod intelligit. Si igitur summe simplex natura non est aliud quam quod est sua intelligentia, | quemadmodum est idem quod est sua sapientia: necesse est, ut similiter non sit aliud, quam quod est sua locutio.

Sed quoniam iam manifestum est summum spiritum

## 29.

Jetzt aber, nachdem das, was mir, der ich der Vernunft als Führerin folgte, bis jetzt über die Eigenschaften dieser höchsten Natur vor die Seele trat, durchleuchtet ist, halte ich es für angebracht, über ihr Sprechen, durch das alles gemacht wurde — wenn ich etwas vermag —, nachzudenken. Denn da alles, was ich über es oben (*in K. 9—12*) anmerken konnte, die unbeugsame Kraft der Vernunft festhält, drängt mich das am meisten über es genauer zu handeln, daß bewiesen wird, es sei dasselbe, was der höchste Geist selbst ist. Denn wenn dieser nichts gemacht hat außer durch sich selbst und alles, was gemacht wurde, durch jenes (Sprechen) gemacht wurde: wie ist jenes etwas anderes, als was er selbst ist?

Weiter. Das, was schon gefunden wurde (*in K. 12*), besagt gewiß unüberwindlich, daß durchaus nichts jemals bestehen konnte oder kann außer dem schöpferischen Geiste und seiner Schöpfung. Es ist aber unmöglich, daß dieses Sprechen eben dieses Geistes unter dem Geschaffenen enthalten ist, weil alles, was als Geschaffenes besteht, durch jenes gemacht ist, dieses aber nicht durch sich selbst gemacht werden konnte. Denn nichts kann durch sich selbst gemacht werden, weil alles, was gemacht wird, später ist als das, durch das es gemacht wird, und nichts später ist als es selbst. Es bleibt also übrig, daß dieses Sprechen des höchsten Geistes — da es ein Geschöpf nicht sein kann — nichts anderes ist als der höchste Geist.

Schließlich kann dieses Sprechen als nichts anderes verstanden werden als die Erkenntnis dieses Geistes, durch das er alles erkennt. Denn was ist für ihn eine Sache sprechen auf diese Art des Sprechens anderes als erkennen? Denn nicht wie ein Mensch spricht er nicht immer, was er denkt. Wenn also die höchst einfache Natur nichts anderes ist als was ihre Erkenntnis ist — wie sie dasselbe ist, was ihre Weisheit ist —, dann ist es notwendig, daß sie in ähnlicher Weise nichts anderes ist, als was ihr Sprechen ist.

Aber weil bereits offenkundig ist (*aus K. 27*), daß der höchste Geist

unum tantum esse et omnimode individuum: necesse est ut sic illi haec sua locutio sit consubstantialis, ut non sint duo, sed unus spiritus.

## 30.

Cur igitur dubitem quod supra dubium dimiseram, scilicet, utrum haec locutio in pluribus verbis an in uno verbo consistat? Nam si sic est summae naturae consubstantialis, ut non sint duo, sed unus spiritus: utique, sicut illa summe simplex est, ita et ista. Non igitur constat pluribus verbis, sed est unum verbum, per quod facta sunt omnia.

Io 1, 3

## 31.

Sed ecce videtur mihi suboriri nec facilis nec ullatenus sub ambiguitate relinquenda quaestio. Etenim omnia huiusmodi verba, quibus res quaslibet mente dicimus, id est cogitamus, similitudines et imagines sunt rerum, quarum verba sunt; et omnis similitudo vel imago tanto magis vel minus est vera, quanto magis vel minus imitatur rem, cuius est similitudo. Quid igitur tenendum est de verbo, quo dicuntur et per quod facta sunt omnia? Erit aut non erit similitudo eorum, quae per ipsum facta sunt? Si enim ipsum est vera mutabilium similitudo, non est consubstantiale summae incommutabilitati; quod falsum est. Si autem non omnino vera, sed qualiscumque similitudo mutabilium est, non est verbum summae veritatis omnino verum; quod ab-

Io 1, 3

nur *einer* ist und in jeder Weise individuell, so ist es notwendig, daß dieses Sprechen ihm so wesensgleich ist, daß nicht zwei sind, sondern *ein* Geist.

## 30.

Warum sollte ich also bezweifeln, was ich oben (*in K. 12*) in Zweifel gelassen hatte, nämlich ob dieses Sprechen in mehreren Worten oder in *einem* Worte besteht? Denn wenn es der höchsten Natur so wesensgleich ist, daß es nicht zwei sind, sondern *ein* Geist, dann ist, wie jene höchst einfach ist, so gewiß auch dieses. Es besteht also nicht aus mehreren Worten, sondern ist das *eine* Wort, durch das alles gemacht wurde.

## 31.

Aber siehe, es scheint mir eine Frage aufzutauchen, die nicht leicht ist und durchaus nicht in ihrer Zweideutigkeit belassen werden darf. Denn alle derartigen Worte, durch die wir beliebige Dinge im Geiste aussprechen, das heißt denken, sind Ähnlichkeiten und Bilder der Dinge, deren Worte sie sind; und jede Ähnlichkeit oder jedes Bild ist umso mehr oder weniger wahr, je mehr oder weniger es das Ding nachbildet, dessen Ähnlichkeit es ist. Was also ist zu halten von dem Worte, durch das alles gesprochen wird und durch das alles gemacht wurde? Wird es eine Ähnlichkeit dessen sein, was durch es gemacht wurde, oder nicht? Denn wenn es eine echte Ähnlichkeit der veränderlichen Dinge ist, ist es nicht wesensgleich mit der höchsten Unveränderlichkeit; was falsch ist. Wenn es aber nicht eine gänzlich echte, sondern eine wie immer beschaffene Ähnlichkeit der veränderlichen Dinge ist, ist das Wort

surdum est. At si nullam mutabilium habet similitudinem: quomodo ad exemplum illius facta sunt?

*Op. omnia*
*p. 49*

Verum forsitan nihil huius remanebit ambiguitatis, si, quemadmodum in vivo homine veritas hominis esse dicitur, in picto vero similitudo sive imago illius veritatis: sic existendi veritas intelligatur in verbo, cuius essentia sic summe est, ut quodam modo illa sola sit; in iis vero quae in eius comparatione quodam modo non sunt, et tamen per illud et secundum illud facta sunt aliquid, imitatio aliqua summae illius essentiae perpendatur. Sic quippe verbum summae veritatis, quod et ipsum est summa veritas, nullum augmentum vel detrimentum sentiet secundum hoc, quod magis vel minus creaturis sit simile; sed potius necesse erit omne quod creatum est tanto magis esse et tanto esse praestantius, quanto similius est illi quod summe est et summe magnum est.

Hinc etenim fortasse, immo non fortasse, sed pro certo, hinc omnis intellectus iudicat naturas quolibet modo viventes praestare non viventibus, sentientes non sentientibus, rationales irrationalibus. Quoniam enim summa natura suo quodam singulari modo non solum est, sed et vivit et sentit et rationalis est, liquet quoniam omnium quae sunt, id quod aliquomodo vivit, magis est illi simile quam id quod nullatenus vivit; et quod modo quolibet vel corporeo sensu cognoscit aliquid, magis quam quod nihil omnino sentit; et quod rationale est, magis quam quod rationis capax non est. Quoniam vero simili ratione quaedam naturae magis minusve sint quam aliae, perspicuum est. Quemadmodum enim illud natura praestantius est, quod per naturalem essentiam propinquius est praestantissimo: ita utique illa natura magis est, cuius essentia similior est summae essentiae.

der höchsten Wahrheit nicht durchweg wahr; was widersinnig ist. Wenn es aber keine Ähnlichkeit mit den veränderlichen Dingen hat: wie sind sie nach seinem Vorbild gemacht worden?

Aber vielleicht wird von dieser Zweideutigkeit nichts zurückbleiben, wenn man ebenso, wie man sagt, in einem lebenden Menschen sei die Wahrheit des Menschen, in einem gemalten jedoch eine Ähnlichkeit oder ein Bild dieser Wahrheit, so die Wahrheit der Existenz im Worte erkennt, dessen Wesenheit derart im höchsten Grade ist, daß auf gewisse Weise sie allein ist; in dem aber, was im Vergleich mit ihm auf gewisse Weise nicht ist und dennoch durch es und ihm gemäß etwas geworden ist, eine Nachbildung dieser höchsten Wesenheit erwägt. So nämlich wird das Wort der höchsten Wahrheit, das auch selber die höchste Wahrheit ist, keine Zunahme oder Einbuße erfahren, je nachdem es den Geschöpfen mehr oder weniger ähnlich ist; sondern es wird vielmehr notwendig sein, daß alles, was geschaffen ist, umso mehr ist und umso vorzüglicher ist, je ähnlicher es dem ist, was im höchsten Grade ist und im höchsten Grade groß ist.

Denn daher vielleicht, nein, nicht vielleicht, sondern für gewiß daher urteilt jeder Verstand, daß die irgendwie lebenden Naturen die nicht lebenden übertreffen, die fühlenden die nicht fühlenden, die vernunftbegabten die vernunftlosen. Denn weil die höchste Natur auf ihre gewisse einzigartige Weise nicht nur ist, sondern auch lebt und fühlt und vernünftig ist, so ist einleuchtend, daß von allem, was ist, das, was irgendwie lebt, ihr mehr ähnlich ist als das, was überhaupt nicht lebt; und das, was auf irgendeine Weise, wenn auch nur durch einen körperlichen Sinn, etwas erkennt, mehr, als was überhaupt nichts fühlt; und was vernunftbegabt ist, mehr, als was des Denkens nicht fähig ist. Daß aber aus einem ähnlichen Grunde die einen Naturen mehr oder weniger sind als die anderen, ist offensichtlich. Denn wie dasjenige von Natur vorzüglicher ist, was durch seine natürliche Wesenheit dem Vorzüglichsten nähersteht, so *ist* gewißlich jene Natur mehr, deren Wesenheit ähnlicher ist der höchsten Wesenheit.

Quod sic quoque facile animadverti posse existimo. Nempe si cuilibet substantiae, quae et vivit et sensibilis et rationalis est, cogitatione auferatur quod rationalis est, deinde quod sensibilis, et postea quod vitalis, postremo ipsum nudum esse quod remanet: quis non intelligat quod illa substantia, quae sic paulatim destruitur, ad minus et minus esse, et ad ultimum ad | non esse gradatim perducitur?

Op. omnia p. 50

Quae autem singulatim absumpta quamlibet essentiam ad minus et minus esse deducunt, eadem ordinatim assumpta illam ad magis et magis esse perducunt. Patet igitur quia magis est vivens substantia quam non vivens, et sensibilis quam non sensibilis, et rationalis quam non rationalis. Non est itaque dubium quod omnis essentia eo ipso magis est et praestantior est, quo similior est illi essentiae, quae summe est et summe praestat.

Satis itaque manifestum est in verbo, per quod facta sunt omnia, non esse ipsorum similitudinem, sed veram simplicemque essentiam; in factis vero non esse simplicem absolutamque essentiam, sed verae illius essentiae vix aliquam imitationem. Unde necesse est non idem verbum secundum rerum creatarum similitudinem magis vel minus esse verum, sed omnem creatam naturam eo altiori gradu essentiae dignitatisque consistere, quo magis illi propinquare videtur.

Io 1, 3

### 32.

Sed cum ita sit: quomodo illud quod simplex est veritas, potest esse verbum eorum, quorum non est similitudo, cum omne verbum, quo aliqua res sic mente dicitur, similitudo sit rei eiusdem? Et si non est verbum eorum quae facta sunt

Das kann, wie ich glaube, auch auf folgende Art leicht eingesehen werden. Wenn man nämlich einer beliebigen Substanz, die sowohl lebt als auch gefühls- und vernunftbegabt ist, in Gedanken wegnimmt, daß sie vernunftbegabt, dann, daß sie fühlend, und nachher, daß sie lebend ist, zuletzt das nackte Sein, das übrigbleibt: wer wollte da nicht einsehen, daß diese Substanz, die solchermaßen allmählich zerstört wird, stufenweise zum weniger und weniger Sein und zuletzt zum Nichtsein geführt wird? Was aber, wenn es einzeln weggenommen wird, eine beliebige Wesenheit zum weniger und weniger Sein herabzieht, das führt, wenn es der Reihe nach aufgenommen wird, diese zu mehr und mehr Sein. Es ist somit klar, daß eine lebende Substanz mehr ist als eine nicht lebende und eine fühlende als eine nicht fühlende und eine vernunftbegabte als eine nicht vernunftbegabte. Es ist also nicht zweifelhaft, daß jede Wesenheit desto mehr ist und desto vorzüglicher ist, je ähnlicher sie jener Wesenheit ist, die im höchsten Grade *ist* und im höchsten Grade hervorragt.

Es ist also hinreichend klar, daß in dem Worte, durch das alles gemacht wurde, nicht dessen Ähnlichkeit ist, sondern die echte und einfache Wesenheit; in dem Geschaffenen aber nicht die einfache und unbedingte Wesenheit, sondern von dieser wahren Wesenheit kaum ein Nachbild. Daher ist es notwendig, daß nicht dieses Wort je nach der Ähnlichkeit mit den geschaffenen Dingen mehr oder weniger wahr ist, sondern daß jede geschaffene Natur auf einer umso höheren Stufe der Wesenheit und Würde steht, je mehr sie diesem nahezukommen scheint.

## 32.

Da das so ist: wie kann das, was die einfache Wahrheit ist, das Wort von dem sein, dessen Ähnlichkeit es nicht ist, da jedes Wort, durch das ein Ding in dieser Weise im Geiste gesprochen wird, eine Ähnlichkeit dieses Dinges ist? Und wenn es nicht das Wort von dem ist, das durch

per ipsum: quomodo constabit, quia sit verbum? Nempe omne verbum alicuius rei verbum est. Denique, si numquam creatura esset, nullum eius esset verbum. Quid igitur? An concludendum est quia, si nullo modo esset creatura, nequaquam esset verbum illud, quod est summa et nullius indigens essentia? Aut fortasse ipsa summa essentia quae verbum est, essentia quidem esset aeterna, sed verbum non esset, si nihil umquam per illam fieret? Eius enim quod nec fuit nec est nec futurum est, nullum verbum esse potest.

Verum secundum hanc rationem, si numquam ulla praeter summum spiritum esset essentia, nullum omnino esset in illo verbum. Si nullum in illo verbum esset, nihil apud

*Op. omnia*
*p. 51*

se diceret. Si nihil apud se diceret: cum | idem sit illi sic dicere aliquid quod est intelligere, non aliquid intelligeret. Si nihil intelligeret, ergo summa sapientia, quae non est aliud quam idem spiritus, nihil intelligeret; quod absurdissimum est.

Quid ergo? Si enim nihil intelligeret: quomodo esset summa sapientia? Aut si nullo modo aliquid esset praeter illam: quid illa intelligeret? Sed numquid seipsam non intelligeret? At quomodo vel cogitari potest quod summa sapientia se aliquando non intelligat, cum rationalis mens possit non solum suimet, sed et ipsius summae sapientiae reminisci et illam et se intelligere? Si enim mens humana nullam eius aut suam habere memoriam aut intelligentiam posset, nequaquam se ab irrationalibus creaturis, et illam ab omni creatura, secum sola tacite disputando, sicut nunc mens mea facit, discerneret. Ergo summus ille spiritus, sicut est aeternus, ita aeterne sui memor est et intelligit se ad similitudinem mentis rationalis; immo non ad ullius similitudinem, sed ille principaliter et mens rationalis ad eius similitudinem. At si aeterne se intelligit, aeterne se dicit.

Io 1, 1

Si aeterne se dicit, aeterne est verbum eius apud ipsum. Sive

es geschaffen ist, wie wird zurecht bestehen, daß es ein Wort ist? Denn jedes Wort ist das Wort einer Sache. Schließlich gäbe es, wenn es niemals ein Geschöpf gäbe, kein Wort eines solchen. Was nun? Muß man etwa den Schluß ziehen, falls es auf keine Weise ein Geschöpf gäbe, gäbe es durchaus nicht jenes Wort, das die höchste und keines (anderen) bedürftige Wesenheit ist? Oder wäre vielleicht diese höchste Wesenheit, die das Wort ist, zwar ewige Wesenheit, wäre aber nicht ein Wort, wenn durch sie niemals etwas gemacht würde? Von dem nämlich, was weder war noch ist noch sein wird, kann es kein Wort geben.

Aber nach dieser Überlegung wäre, wenn es niemals eine Wesenheit außer dem höchsten Geiste gäbe, in diesem überhaupt kein Wort. Wenn es in ihm kein Wort gäbe, würde er nichts bei sich sprechen. Wenn er nichts bei sich spräche, würde er, da für ihn in dieser Art etwas sprechen dasselbe ist, was erkennen ist, nichts erkennen. Wenn er nichts erkännte, würde demnach die höchste Weisheit, die nichts anderes ist als eben dieser Geist, nichts erkennen; was ganz widersinnig ist.

Was nun? Denn wenn er nichts erkännte, wie wäre er die höchste Weisheit? Oder wenn außer ihr in keiner Weise etwas wäre, was würde sie erkennen? Jedoch würde sie etwa sich selbst nicht erkennen? Aber wie kann auch nur gedacht werden, daß die höchste Weisheit sich irgendeinmal nicht erkennt, da der vernünftige Geist imstande ist, nicht nur seiner selbst, sondern auch jener höchsten Weisheit sich bewußt zu werden und diese und sich zu erkennen? Denn wenn der menschliche Geist weder von ihr noch von sich Bewußtsein oder Erkenntnis haben könnte, würde er sich keineswegs von den unvernünftigen Geschöpfen und jene von jedem Geschöpf unterscheiden, indem er still mit sich allein sich bespricht, wie es jetzt mein Geist tut. Also ist jener höchste Geist, wie er ewig ist, so ewig sich seiner bewußt und erkennt sich nach Ähnlichkeit des vernünftigen Geistes; doch nein, nicht nach Ähnlichkeit mit irgend etwas, sondern er ursprünglich und der vernünftige Geist nach Ähnlichkeit mit ihm. Wenn er sich aber ewig erkennt, spricht er sich ewig. Wenn er sich ewig spricht, ist sein Wort ewig bei ihm. Ob man also sich ihn denkt, ohne daß eine andere Wesenheit existiert, oder so,

igitur ille cogitetur nulla alia existente essentia sive aliis existentibus, necesse est verbum illius coaeternum illi esse cum illo.

## 33.

Sed ecce quaerenti mihi de verbo quo creator dicit omnia quae fecit, obtulit se verbum quo seipsum dicit, qui omnia fecit. An ergo alio verbo dicit seipsum, et alio ea quae facit; aut potius eodem ipso verbo quo dicit seipsum, dicit quaecumque facit? Nam hoc quoque verbum quo seipsum dicit, necesse est idipsum esse quod ipse est, sicut constat de | verbo illo, quo dicit ea quae a se facta sunt. Cum enim, etiam si nihil umquam aliud esset nisi summus ille spiritus, ratio tamen cogat verbum illud quo se dicit ex necessitate esse: quid verius, quam hoc verbum eius non esse aliud, quam quod ipse est? Ergo si et seipsum et ea quae facit, consubstantiali sibi verbo dicit: manifestum est quia verbi quo se dicit, et verbi quo creaturam dicit, una substantia est. Quomodo ergo, si una substantia est, duo verba sunt?
Sed forsitan non cogit identitas substantiae verbi unitatem admittere. Nam idem ipse qui his verbis loquitur, eandem illis habet substantiam, et tamen verbum non est. Sed utique verbum quo se dicit summa sapientia, convenientissime dici potest verbum eius secundum superiorem rationem, quia eius perfectam tenet similitudinem. Nam nulla ratione negari potest, cum mens rationalis seipsam cogitando intelligit, imaginem ipsius nasci in sua cogitatione; immo ipsam cogitationem sui esse suam imaginem, ad eius similitudinem tamquam ex eius impressione formatam.

*Op. omnia*
*p. 52*

daß andere existieren, ist es notwendig, daß sein ihm gleichewiges Wort mit ihm ist.

## 33.

Aber siehe, da ich über das Wort forschte, durch das der Schöpfer alles, was er gemacht hat, spricht, bot sich mir das Wort dar, durch das sich selbst spricht, der alles gemacht hat. Spricht er etwa durch ein anderes Wort sich selbst und durch ein anderes das, was er macht; oder spricht er vielmehr durch dasselbe Wort, durch das er sich selbst spricht, alles, was er macht? Denn es ist notwendig, daß auch das Wort, durch das er sich selbst spricht, dasselbe ist, was er ist, wie es von jenem Wort feststeht, durch das er das spricht, was von ihm geschaffen wurde. Denn da, auch wenn niemals etwas anderes wäre außer diesem höchsten Geiste, die Vernunft dennoch zum Schlusse zwingt, daß jenes Wort, durch das er sich spricht, aus Notwendigkeit ist: was ist (dann) wahrer, als daß dieses sein Wort nichts anderes ist, als was er selbst ist? Wenn er also sowohl sich selber wie das, was er macht, durch das ihm wesensgleiche Wort spricht, so ist offenbar, daß die Substanz des Wortes, durch das er sich spricht, und des Wortes, durch das er die Schöpfung spricht, eine einzige ist. Wie aber sind es, wenn *eine* Substanz ist, zwei Worte?

Aber vielleicht zwingt die Identität der Substanz nicht dazu, eine Einheit des Wortes zuzulassen. Denn er selbst, der durch diese Worte spricht, hat mit ihnen dieselbe Substanz, und doch ist er nicht Wort. Aber gewiß kann das Wort, durch das sich die höchste Weisheit spricht, sehr zutreffend *ihr* Wort genannt werden, nach dem obigen Grunde, weil es die vollkommene Ähnlichkeit mit ihr besitzt. Denn es läßt sich auf keine Weise leugnen, daß, wenn der vernünftige Geist sich selber denkend erkennt, in seinem Denken sein Bild ersteht; ja dieses Den-

Quamcumque enim rem mens seu per corporis imaginationem seu per rationem cupit veraciter cogitare, eius utique similitudinem, quantum valet, in ipsa sua cogitatione conatur exprimere. Quod quanto verius facit, tanto verius rem ipsam cogitat. Et hoc quidem, cum cogitat aliquid aliud quod ipsa non est, et maxime cum aliquod cogitat corpus, clarius perspicitur. Cum enim cogito notum mihi hominem absentem, formatur acies cogitationis meae in talem imaginem eius, qualem illam per visum oculorum in memoriam attraxi. Quae imago in cogitatione verbum est eiusdem hominis, quem cogitando dico. Habet igitur mens rationalis, cum se cogitando intelligit, secum imaginem suam ex se natam, id est, cogitationem sui ad suam similitudinem quasi sua impressione formatam; quamvis ipsa se a sua imagine non nisi ratione sola separare possit. Quae imago eius verbum eius est.

Hoc itaque modo quis neget summam sapientiam, cum se dicendo | intelligit, gignere consubstantialem sibi similitudinem suam, id est, verbum suum? Quod verbum, licet de re tam singulariter eminenti proprie aliquid satis convenienter dici non possit, non tamen inconvenienter sicut similitudo, ita et imago et figura et caracter eius dici potest. Verbum autem quo creaturam dicit, nequaquam similiter est verbum creaturae, quia non est eius similitudo, sed principalis essentia. Consequitur igitur, ut ipsam creaturam non dicat verbo creaturae. Cuius ergo verbo eam dicit, si non eam dicit verbo eius? Nam quod dicit, verbo dicit, et verbum alicuius est verbum, id est similitudo. Sed si nihil aliud dicit quam se aut creaturam, nihil dicere potest nisi aut suo aut eius verbo. Si ergo nihil dicit verbo creaturae: quidquid dicit, verbo suo dicit. Uno igitur eodemque verbo dicit seipsum et quaecumque fecit.

*Op. omnia*
*p. 53*

Col 1, 15
Heb 1, 3

136

ken seiner (selbst) sein Bild ist, das nach seiner Ähnlichkeit gleichsam durch Einprägung seiner (selbst) gestaltet ist.

Denn welches Ding immer der Geist, sei es durch die Vorstellung eines Körpers, sei es durch die Vernunft, wahrheitsgemäß zu denken verlangt, von dem versucht er, soweit er es vermag, gewiß eine Ähnlichkeit in diesem seinem Denken auszuprägen. Je wahrer er das tut, um so wahrer denkt er das Ding selber. Und zwar wird das deutlicher wahrgenommen, wenn er etwas anderes denkt, was er nicht selber ist, und am meisten, wenn er irgendeinen Körper denkt. Denn wenn ich einen mir bekannten abwesenden Menschen denke, wird die Schärfe meines Denkens zu einem solchen Bilde von ihm gestaltet, wie ich es durch die Sehkraft der Augen in das Gedächtnis aufgenommen habe. Dieses Bild im Denken ist das Wort von jenem Menschen, den ich denkend spreche. Es hat also der vernünftige Geist, wenn er sich denkend erkennt, bei sich sein aus ihm geborenes Bild, das heißt das Denken seiner (selbst), das zu seiner Ähnlichkeit gleichsam durch seine Einprägung gestaltet wurde, obwohl er sich nur durch alleiniges Denken von seinem Bilde trennen kann. Dieses sein Bild ist sein Wort.

Wer wollte also leugnen, daß auf diese Weise die höchste Weisheit, wenn sie sich sprechend erkennt, ihre wesensgleiche Ähnlichkeit, das heißt ihr Wort, erzeugt? Dieses Wort kann, obgleich von einer so einzigartig erhabenen Sache im eigentlichen Sinne etwas, was hinreichend genug wäre, nicht ausgesagt werden kann, dennoch nicht unpassend wie ihre Ähnlichkeit, so auch ihr Bild und ihre Gestalt und ihr Ausdruck genannt werden. Das Wort aber, durch das sie das Geschöpf spricht, ist durchaus nicht in ähnlicher Weise das Wort der Schöpfung, weil es nicht deren Ähnlichkeit, sondern ursprüngliche Wesenheit ist. Es folgt also, daß sie diese Schöpfung nicht durch das Wort der Schöpfung spricht. Durch wessen Wort also spricht sie diese, wenn sie sie nicht durch ihr Wort spricht? Denn was sie spricht, spricht sie durch ein Wort, und ein Wort ist das Wort, das heißt die Ähnlichkeit, von etwas. Wenn sie aber nichts anderes spricht als sich oder die Schöpfung, so spricht sie alles, was sie spricht, durch ihr eigenes Wort. Demnach

## 34.

Sed quomodo tam differentes res, scilicet creans et creata essentia, dici possunt uno verbo, praesertim cum verbum ipsum sit dicenti coaeternum, creatura autem non sit illi coaeterna? Forsitan quia ipse est summa sapientia et summa ratio, in qua sunt omnia quae facta sunt — quemadmodum opus quod fit secundum aliquam artem, non solum quando fit, verum et antequam fiat et postquam dissolvitur, semper est in ipsa arte non aliud quam quod est ars ipsa —: idcirco cum ipse summus spiritus dicit seipsum, dicit omnia quae facta sunt. Nam et antequam fierent, et cum iam facta sunt, et cum corrumpuntur seu aliquo modo variantur: semper in ipso sunt, non quod sunt in seipsis, sed quod est idem ipse. Etenim in seipsis sunt essentia mutabilis secundum immutabilem rationem creata; in ipso vero sunt Op. omnia p. 54 ipsa prima essentia et prima existendi veritas, | cui prout magis utcumque illa similia sunt, ita verius et praestantius existunt. Hoc itaque modo non irrationabiliter asseri potest quia, cum seipsum dicit summus ille spiritus, dicit etiam quidquid factum est uno eodemque verbo.

## 35.

Verum cum constet quia verbum eius consubstantiale illi est et perfecte simile, necessario consequitur, ut omnia quae sunt in illo, eadem et eodem modo sint in verbo eius. Quid-

spricht sie durch ein- und dasselbe Wort sich selbst und was immer sie gemacht hat.

## 34.

Aber wie können so verschiedene Dinge, nämlich die schaffende und die geschaffene Wesenheit, durch *ein* Wort gesprochen werden, zumal dieses Wort dem Sprechenden gleichewig ist, die Schöpfung aber ihm nicht gleichewig ist? Vielleicht deshalb, weil dieser die höchste Weisheit und die höchste Vernunft ist, in der alles ist, was geschaffen wurde — gleichwie ein Werk, das nach den Regeln einer Kunst geschaffen wird, nicht nur, wenn es geschaffen wird, sondern auch bevor es wird und nachdem es aufgelöst wird, in dieser Kunst stets nichts anderes ist, als was die Kunst selber ist —, (vielleicht deshalb) spricht der höchste Geist, wenn er sich selbst spricht, alles, was geschaffen wurde. Denn sowohl bevor es geschaffen wurde, als auch wenn es schon geschaffen ist, und wenn es zugrunde geht oder irgendwie verändert wird, ist es in ihm nicht, was es in sich selbst ist, sondern was er selbst ist. Denn in sich selbst ist es veränderliche Wesenheit, geschaffen gemäß der unveränderlichen Vernunft; in ihm aber ist es die erste Wesenheit selbst und die erste Wahrheit der Existenz, und je mehr es dieser irgendwie ähnlich ist, umso wahrer und besser existiert es. Auf diese Weise also kann man nicht unvernünftig behaupten, daß dieser höchste Geist, wenn er sich selbst spricht, auch alles, was geschaffen wurde, durch ein- und dasselbe Wort spricht.

## 35.

Da aber feststeht, daß sein Wort ihm wesensgleich ist und vollkommen ähnlich, folgt notwendig, daß alles, was in ihm ist, ebenfalls und auf dieselbe Weise in seinem Wort ist. Was immer also geschaffen ist,

Io 1, 3s.;
14, 6

quid igitur factum est, sive vivat sive non vivat, aut quo-
modocumque sit in se: in illo est ipsa vita et veritas. Quoniam autem idem est summo spiritui scire quod intelligere
sive dicere, necesse est ut eodem modo sciat omnia quae
scit, quo ea dicit aut intelligit. Quemadmodum igitur sunt
in verbo eius omnia vita et veritas, ita sunt in scientia eius.

## 36.

Qua ex re manifestissime comprehendi potest, quomodo
dicat idem spiritus vel quomodo sciat ea quae facta sunt,
ab humana scientia comprehendi non posse. Nam nulli dubium creatas substantias multo aliter esse in seipsis quam
in nostra scientia. In seipsis namque sunt per | ipsam suam
essentiam; in nostra vero scientia non sunt earum essentiae,
sed earum similitudines. Restat igitur ut tanto verius sint
in seipsis quam in nostra scientia, quanto verius alicubi
sunt per suam essentiam quam per suam similitudinem.

Cum ergo et hoc constet, quia omnis creata substantia
tanto verius est in verbo, id est, in intelligentia creatoris,
quam in seipsa, quanto verius existit creatrix quam creata
essentia: quomodo comprehendat humana mens, cuiusmodi
sit illud dicere et illa scientia, quae sic longe superior et
verior est creatis substantiis, si nostra scientia tam longe
superatur ab illis, quantum earum similitudo distat ab
earum essentia?

Op. omnia
p. 55

ob es lebt oder nicht lebt oder wie immer in sich selbst ist, ist in ihm das Leben und die Wahrheit selbst. Weil aber für den höchsten Geist wissen dasselbe ist wie erkennen oder sprechen, ist es notwendig, daß er alles auf dieselbe Art weiß, in der er es spricht oder erkennt. Wie also alles in seinem Worte Leben und Wahrheit ist, so ist dies auch in seinem Wissen.

## 36.

Daraus kann aufs deutlichste begriffen werden, daß vom menschlichen Wissen nicht begriffen werden kann, wie dieser Geist das, was geschaffen wurde, spricht oder wie er es weiß. Denn niemandem ist es zweifelhaft, daß die geschaffenen Substanzen sehr viel anders in sich selbst sind als in unserem Wissen. Denn in sich selbst sind sie durch ihre Wesenheit selbst, in unserem Wissen dagegen sind sie nicht ihre Wesenheiten, sondern ihre Ähnlichkeiten. Es bleibt also übrig, daß sie umso wahrer in sich selbst sind als in unserem Wissen, je wahrer sie irgendwo durch ihre Wesenheit sind als durch ihre Ähnlichkeit.

Da also auch das feststeht (aus K. 31), daß jede geschaffene Substanz umso wahrer im Wort ist, das heißt in der Erkenntnis des Schöpfers, als in sich selbst, je wahrer die schaffende als die geschaffene Wesenheit existiert: wie könnte der menschliche Geist begreifen, welcher Art jenes Sprechen und jenes Wissen ist, das so weit höher und wahrer ist als die geschaffenen Substanzen, wenn unser Wissen so weit von diesen übertroffen wird, wie ihre Ähnlichkeit von ihrer Wesenheit entfernt ist?

## 37.

Verum cum manifeste rationes superiores doceant summum spiritum per verbum suum fecisse omnia: numquid non et ipsum verbum fecit eadem omnia? Quoniam enim illi est consubstantiale, cuius est verbum, necesse est ut sit summa essentia. Summa autem essentia non est nisi una, quae sola creatrix et solum principium est omnium quae facta sunt. Ipsa namque sola fecit non per aliud quam per se omnia ex nihilo. Quare quaecumque summus spiritus facit, eadem et verbum eius facit et similiter. Quidquid igitur summus spiritus est ad creaturam, hoc et verbum eius est et similiter; nec tamen ambo simul pluraliter, quia non sunt plures creatrices summae essentiae. Sicut igitur ille est creator rerum et principium, sic et verbum eius; nec tamen sunt duo, sed unus creator et unum principium.

*Op. omnia*
p. *56*

## 38.

Studiose itaque attendendum est quiddam, quod valde insolitum rebus aliis, in summo spiritu et verbo eius videtur evenire. Nam certum est sic unicuique singulatim et utrisque simul inesse, quidquid sunt in essentia et quidquid sunt ad creaturam, ut et singulatim perfectum sit ambobus, et tamen pluralitatem non admittat in duobus. Licet enim singulatim et ille perfecte sit summa veritas et creator, et verbum eius sit summa veritas et creator: non tamen ambo simul sunt duae veritates aut duo creatores.

Sed cum haec ita sint, miro tamen modo apertissimum est, quia nec ille, cuius est verbum, potest esse verbum suum, nec verbum potest esse ille, cuius est verbum. Ut in

## 37.

Aber da die obigen Vernunftgründe offensichtlich lehren, daß der höchste Geist durch sein Wort alles gemacht hat, hat dann etwa nicht auch das Wort selbst all das gemacht? Weil es nämlich dem wesensgleich ist, dessen Wort es ist, ist es notwendig, daß es die höchste Wesenheit ist. Die höchste Wesenheit ist aber nur *eine,* die allein die Schöpferin und allein der Ursprung von allem ist, was gemacht wurde. Denn sie allein hat durch nichts anderes als durch sich alles aus dem Nichts geschaffen. Deshalb macht dasselbe, was immer der höchste Geist macht, auch sein Wort, und in ähnlicher Weise. Was immer also der höchste Geist im Verhältnis zur Schöpfung ist, das ist es auch sein Wort, und in ähnlicher Weise; jedoch nicht beide zugleich in der Mehrzahl, weil es nicht mehrere schöpferische höchste Wesenheiten gibt. Wie also jener der Schöpfer und Ursprung der Dinge ist, so auch sein Wort; und dennoch sind nicht zwei, sondern *ein* Schöpfer und *ein* Ursprung.

## 38.

Sorgfältig also ist auf etwas zu merken, was — für andere Dinge sehr ungewöhnlich — bei dem höchsten Geiste und seinem Worte zuzutreffen scheint. Denn es ist gewiß, daß alles, was sie in der Wesenheit sind und was immer sie im Verhältnis zur Schöpfung sind, einem jeden einzelnen und beiden zugleich derart innewohnt, daß es sowohl in jedem der beiden für sich vollkommen ist, als auch eine Mehrheit in den zweien nicht zuläßt. Denn obwohl, einzeln genommen, sowohl jener in vollkommener Weise die höchste Wahrheit und der Schöpfer ist, als auch sein Wort die höchste Wahrheit und der Schöpfer ist, sind beide zusammengenommen doch nicht zwei Wahrheiten und zwei Schöpfer. Obgleich sich das so verhält, ist es dennoch auf erstaunliche Weise ganz offenkundig, daß weder der, dessen das Wort ist, sein (eigenes)

eo quod significat vel quid sint substantialiter, vel quid sint ad creaturam, semper individuam teneant unitatem; in eo vero, quod ille non est ex isto, hoc autem est ex illo, ineffabilem admittant pluralitatem.

Ineffabilem certe. Quamvis enim necessitas cogat ut sint duo, nullo tamen modo exprimi potest, quid duo sint. Nam etsi forte duo pares aut aliquid aliud similiter ad invicem possint dici: in his ipsis tamen relativis, si quaeratur quid sit illud de quo dicuntur, non poterit dici pluraliter, quemadmodum dicuntur duae pares lineae aut duo similes homines. Quippe nec sunt duo pares spiritus nec duo pares creatores nec duo aliquid, quod significet eorum aut essentiam aut habitudinem ad creaturam. Sed nec duo aliquid, quod designet propriam habitudinem alterius ad alterum; quia nec duo verba nec duae imagines. Verbum namque hoc ipsum, quod verbum est aut imago, ad alterum est, quia non nisi alicuius verbum est aut imago; et sic propria sunt haec alterius, ut nequaquam alteri coaptentur. Nam ille, cuius est verbum aut imago, nec imago nec verbum est.

Constat igitur quia exprimi non potest, quid duo sint summus spiritus et verbum eius, quamvis quibusdam singulorum proprietatibus cogantur esse duo. Etenim proprium est unius esse ex altero, et proprium est alterius alterum esse ex illo.

*Op. omnia*
*p. 57*

### 39.

Quod ipsum nullo utique verbo videtur familiarius posse proferri, quam si dicatur proprium esse unius nasci ex altero, et proprium alterius nasci alterum ex ipso. Certum

Wort sein kann, noch das Wort der sein kann, dessen Wort es ist. So daß sie darin, was sie bezeichnen oder was sie dem Wesen nach sind oder was sie im Verhältnis zum Geschöpf sind, immer die ungeteilte Einheit bewahren; darin aber, daß jener nicht aus diesem ist, dieses aber aus jenem ist, eine unbenennbare Mehrheit zulassen.

Eine unbenennbare fürwahr! Denn obgleich die Notwendigkeit dazu zwingt, daß es zwei sind, so kann doch in keiner Weise ausgedrückt werden, was „zwei" sie sind. Denn wenn sie etwa zwei gleiche oder etwas anderes in ähnlicher Weise gegenseitig genannt werden können: wenn man jedoch bei diesen Beziehungen fragt, was das ist, wovon sie ausgesagt werden, wird es nicht in der Mehrzahl gesagt werden können, so wie man von zwei gleichen Linien oder zwei ähnlichen Menschen spricht. Denn es sind weder zwei gleiche Geister noch zwei gleiche Schöpfer noch zwei Etwas, was entweder ihre Wesenheit oder ihr Verhältnis zum Geschöpf bezeichnet. Aber auch nicht zwei Etwas, was das eigentümliche Verhältnis des einen zum anderen bestimmt, weil (sie) weder zwei Worte noch zwei Bilder (sind). Das Wort ist nämlich gerade dadurch, daß es Wort oder Bild ist, zum andern hingeordnet, weil es nur irgendwessen Wort oder Bild ist, und das ist dem einen so eigentümlich, daß es durchaus nicht dem anderen sich anpaßt. Denn der, dessen das Wort oder Bild ist, ist weder Bild noch Wort.

Es steht also fest, daß sich nicht ausdrücken läßt, was für zwei der höchste Geist und sein Wort sind, obwohl es durch gewisse Eigentümlichkeiten der einzelnen notwendig ist, daß sie zwei sind. Denn es ist dem einen eigentümlich, daß es aus dem anderen ist, und es ist dem anderen eigentümlich, daß das andere aus ihm ist.

## 39.

Eben das scheint gewiß durch kein Wort vertrauter ausgesprochen werden zu können, als wenn man sagt, die Eigentümlichkeit des einen sei, aus dem anderen geboren zu werden, und die Eigentümlichkeit des

namque iam constat, quia verbum summi spiritus non sic
est ex eo, quemadmodum ea quae ab illo facta sunt, sed
quemadmodum creator de creatore, summum de summo, et
ut plena brevitate omnimoda absolvatur similitudo: penitus idem ipsum est de eodem ipso, et ita, ut nullatenus sit
nisi ex eo.

Cum igitur pateat verbum summi spiritus sic esse ex
ipso solo, ut perfectam eius quasi proles parentis teneat similitudinem, nec sic esse ex ipso, ut fiat ab eo: profecto
nullo modo convenientius cogitari potest esse ex illo quam
nascendo. Nempe si innumerabiles res indubitanter dicuntur nasci ex iis, ex quibus habent ut sint, cum nullam eorum
de quibus nasci dicuntur, teneant similitudinem sicut proles parentis –- dicimus enim capillos nasci de capite et
poma ex arbore, licet nec illi capitis nec ista arboris similia
sint —; si, inquam, multa huiusmodi non absurde dicuntur
nasci: tanto congruentius dici potest verbum summi spiritus ex illo existere nascendo, quanto perfectius quasi proles
parentis trahit eius similitudinem ex illo existendo.


40.

Quodsi convenientissime dicitur nasci, et tam simile est
illi de quo nascitur: cur aestimetur simile quasi proles parenti, et non potius asseratur, quia tanto verior est ille parens et istud proles, quanto magis et ille ad huius nativi-
tatis perfectionem solus sufficit, et quod nascitur eius similitudinem exprimit? Namque in rebus aliis quas parentis
prolisque certum est habitudinem habere, nulla sic gignit,

anderen sei, daß das andere aus ihm geboren wird. Denn als gewiß steht es schon fest (*aus K. 29*), daß das Wort des höchsten Geistes nicht so aus ihm ist wie auch das, was von ihm gemacht wurde, sondern wie der Schöpfer aus dem Schöpfer, das Höchste aus dem Höchsten, und, damit die volle Ähnlichkeit in allseitiger Kürze zum Ausdruck kommt: gänzlich dasselbe ist aus demselben, und so, daß es in jeder Weise nur aus ihm ist.

Da es also klar ist, daß das Wort des höchsten Geistes so aus ihm allein ist, daß es als Kind des Elters[1] vollkommene Ähnlichkeit mit ihm besitzt, und nicht so aus ihm ist, daß es von ihm gemacht wird, so kann es fürwahr in keiner Weise passender aus ihm seiend gedacht werden als durch Geborenwerden. Denn wenn von unzähligen Dingen unbedenklich gesagt wird, sie würden aus dem geboren, aus dem sie es haben, daß sie sind, obwohl sie keine Ähnlichkeit mit dem, aus dem sie angeblich geboren werden, besitzen wie das Kind aus dem Elter — wir sagen nämlich, die Haare würden aus dem Haupte geboren und die Äpfel aus dem Baume, trotzdem weder jene dem Haupte noch diese dem Baume ähnlich sind —; wenn es, sage ich, von vielem derartigen nicht widersinnig heißt, daß es geboren wird, so kann umso angemessener vom Worte des höchsten Geistes gesagt werden, daß es aus ihm durch Geborenwerden existiert, je vollkommener es als Kind des Elters durch seine Existenz aus ihm dessen Ähnlichkeit nach sich zieht.

### 40.

Wenn man sehr passend sagt, daß es geboren wird, und (wenn) es dem so ähnlich ist, aus dem es geboren wird: warum sollte man erachten, daß es ähnlich ist wie das Kind dem Elter, und nicht vielmehr sa-

---

1. Der aus der Biologie entnommene Terminus „der Elter" entspricht genau dem obigen Sachverhalt. Ich verdanke diesen Hinweis Fr. Oberstudienrätin H. Piskorski, Bad Wimpfen.

*Op. omnia*
p. *58*

ut omnino nullius indigens sola per se ad gignendam prolem sufficiat; nulla sic gignitur, ut nulla admixta | dissimilitudine omnimodam similitudinem parentis exhibeat. Si ergo verbum summi spiritus sic est omnino ex ipsius sola essentia, et sic singulariter est illi simile, ut nulla proles sic sit omnino ex sola parentis essentia, aut sic similis parenti: profecto nullis rebus tam convenienter videtur aptari habitudo parentis et prolis, quam summo spiritui et verbo eius. Quapropter illius est proprium verissimum esse parentem, istius vero verissimam esse prolem.

### 41.

At hoc constare non poterit, nisi pariter ille verissime gignat, et istud verissime gignatur. Sicut igitur illud est perspicuum, ita hoc esse certissimum necesse est. Quare summi spiritus est verissime gignere et verbi eius verissime gigni.

### 42.

Vellem iam quidem et forte possem illum esse verissime patrem, hoc vero esse verissime filium concludere; sed nec hoc negligendum existimo, an patris et filii, an matris et filiae magis illis apta sit appellatio, cum in eis nulla sit

gen, daß umso wahrer jener der Elter und dieses das Kind ist, je mehr sowohl jener zur Vollkommenheit dieser Geburt allein genügt, **als** auch das, was geboren wird, dessen Ähnlichkeit ausdrückt? Denn **in** den anderen Dingen, von denen es gewiß ist, daß sie das Verhältnis von Elter und Kind haben, zeugt keines so, daß es, durchaus keines anderen bedürftig, allein durch sich zur Zeugung des Kindes genügt; keines wird so gezeugt, daß es durch keine Beimischung von Unähnlichkeit die allseitige Ähnlichkeit mit dem Elter darstellt. Wenn also das Wort des höchsten Geistes so völlig aus dessen Wesenheit allein ist und so einzigartig ihm ähnlich ist, daß kein Kind so vollständig aus der Wesenheit des Elters allein ist oder dem Elter so ähnlich, dann scheint fürwahr bei keinem Dinge das Verhältnis von Elter und Kind so passend angewendet zu werden wie bei dem höchsten Geiste und seinem Worte. Deshalb ist es jenem eigentümlich, im wahrsten Sinne Elter zu sein, diesem aber im wahrsten Sinne Kind zu sein.

## 41.

Aber das wird nicht feststehen können, wenn nicht in gleicher Weise jener auf die wahrste Weise zeugt und dieses auf die wahrste Weise gezeugt wird. Wie also jenes offensichtlich ist, so ist notwendig, daß dieses ganz sicher ist. Daher kommt es dem höchsten Geiste zu, auf die wahrste Weise zu zeugen, und dem Worte, auf die wahrste Weise gezeugt zu werden.

## 42.

Ich möchte zwar schon und könnte vielleicht schließen, daß jener in wahrster Weise Vater, dieses aber in wahrster Weise Sohn sei; aber ich meine, daß auch das nicht außer acht gelassen werden dürfe, ob die Benennung „Vater" und „Sohn" oder „Mutter" und „Tochter" für sie

sexus discretio. Nam si idcirco convenienter est ille pater et proles eius filius, quia uterque est spiritus: cur non pari ratione alteri convenit esse matrem, alteri filiam, quia uterque est veritas et sapientia? An quia in iis naturis quae sexus habent differentiam, melioris sexus est patrem esse vel filium, minoris vero matrem vel filiam? Est hoc quidem naturaliter in pluribus; in quibusdam vero e contrario, ut in quibusdam avium generibus, in quibus femininus sexus semper maior et validior est, masculinus vero minor et infirmior.

Op. omnia
p. 59
Aut certe idcirco magis convenit summo spiritui patrem dici quam matrem, quia prima et principalis causa prolis semper est in patre. Nam si maternam causam quolibet modo semper paterna praecedit, nimis incongruum est, ut illi parenti aptetur nomen matris, cui ad gignendam prolem nulla alia causa aut sociatur aut praecedit. Verissimum igitur est summum spiritum patrem esse prolis suae. Quod si filius semper similior est patri quam filia, nihil autem similius est alteri quam summo patri proles sua: verissimum est hanc prolem non esse filiam, sed filium. Sicut igitur proprium est illius verissime gignere, istius vero gigni: sic proprium est illius verissimum esse genitorem, istius vero verissimum genitum. Et sicut alter est verissimus parens, alter verissima proles, sic alter est verissimus pater, alter verissimus filius.

angemessener ist, da es bei ihnen keinen Unterschied des Geschlechtes gibt. Wenn nämlich deshalb jener zutreffend Vater ist und sein Kind Sohn, weil beide Geist sind: warum kommt es aus dem gleichen Grunde nicht dem einen zu, Mutter zu sein, dem anderen Tochter, da jeder von ihnen Wahrheit und Weisheit ist? Vielleicht etwa, weil in jenen Naturen, die den Unterschied des Geschlechtes haben, das bessere Geschlecht ist, Vater zu sein und Sohn, das geringere dagegen Mutter und Tochter? Das ist zwar so von Natur aus bei den meisten; bei manchen dagegen ist es umgekehrt, wie bei gewissen Arten von Vögeln, bei denen das weibliche Geschlecht immer größer und stärker ist, das männliche aber kleiner und schwächer.

Oder gewiß kommt es dem höchsten Geiste eher zu, Vater genannt zu werden als Mutter, weil die Erst- und Hauptursache des Kindes immer im Vater ist. Denn wenn der mütterlichen Ursache auf irgendeine Weise immer die väterliche vorausgeht, wäre es allzu unangemessen, daß jenem Elter der Name „Mutter" beigelegt würde, dem zur Zeugung des Kindes keine andere Ursache sich beigesellt oder vorausgeht. Es ist also vollkommen wahr, daß der höchste Geist der Vater seines Kindes ist. Weil der Sohn dem Vater immer ähnlicher ist als die Tochter, nichts aber einem anderen ähnlicher ist als dem höchsten Geiste sein Kind, so ist es vollkommen wahr, daß dieses Kind nicht Tochter, sondern Sohn ist. Wie es also jenem eigentümlich ist, in vollkommener Weise zu zeugen, diesem aber gezeugt zu werden, so ist es jenem eigentümlich, in wahrster Weise Erzeuger zu sein, diesem dagegen in wahrster Weise Erzeugter. Und wie der eine in wahrster Weise Elter ist, der andere in wahrster Weise Kind, so ist der eine in wahrster Weise Vater und der andere in wahrster Weise Sohn..

# 43.

Inventis tot et tantis singulorum proprietatibus, quibus mira quaedam tam ineffabilis quam inevitabilis in summa unitate probatur esse pluralitas: valde mihi videtur delectabile retractare saepius tam impenetrabile secretum. Ecce enim, cum sic impossibile sit eundem esse eum qui gignit et eum qui gignitur, atque eundem esse parentem et prolem, ut necesse sit alium esse genitorem, alium genitum, et alium esse patrem, alium filium: sic tamen necesse est idem esse illum qui gignit, et illum qui gignitur, necnon parentem et prolem, ut impossibile sit aliud esse genitorem quam quod est genitus, aliud esse patrem quam quod filius.

Et cum ita sit alius ille et alius ille, ut omnino pateat quod duo sint: sic tamen unum et idipsum est id quod est ille et ille, ut penitus lateat quid duo sint. Nam sic est alius pater, alius filius, ut, cum ambos dixerim, videam me duos dixisse; et sic est idipsum, quod est et pater et filius, ut non intelligam quid duos dixerim. Quamvis namque singulus pater sit perfecte summus spiritus et singulus filius sit perfecte summus spiritus: sic tamen unum idemque est spiritus pater et spiritus filius, ut pater et filius non sint duo spiritus, sed unus spiritus. Ut sicut singula propria singulorum non recipiunt pluralitatem, quia non sunt duorum, *Op. omnia* ita id quod | commune est amborum, individuam teneat *p. 60* unitatem, quamvis totum sit singulorum. Nam sicut non sunt duo patres aut duo filii, sed unus pater et unus filius, quoniam singula sunt singulorum propria: ita non sunt duo, sed unus spiritus, quamvis et singuli patris et singuli filii sit perfectum esse spiritum. Sic sunt oppositi relationibus, ut alter numquam suscipiat proprium alterius; sic sunt concordes natura, ut alter semper teneat essentiam alterius.

# 43.

Nachdem so viele und so bedeutende Eigentümlichkeiten der einzelnen gefunden wurden, durch die in der höchsten Einheit eine gewisse wunderbare unaussprechliche wie unausweichliche Mehrheit erwiesen wird, scheint es mir ergötzlich, das so undurchdringliche Geheimnis öfter zu erwägen. Denn siehe, obwohl es derart unmöglich ist, daß derselbe der ist, der zeugt, und der, der gezeugt wird, und derselbe der Elter und das Kind ist, daß es notwendig ist, daß ein anderer der Erzeuger ist, ein anderer der Erzeugte, und ein anderer der Vater ist, ein anderer der Sohn, so ist es doch derart notwendig, daß dasselbe der ist, der zeugt, und der, der gezeugt wird, und ebenso der Elter und das Kind, daß es unmöglich ist, daß etwas anderes der Erzeuger ist, als was der Erzeugte ist, etwas anderes der Vater ist, als was der Sohn (ist).

Und da derart dieser ein anderer ist und jener ein anderer, daß es völlig klar ist, daß sie zwei sind, so ist dennoch derart ein- und dasselbe das, was dieser und jener ist, daß es gänzlich verborgen bleibt, was die zwei sind. Denn derart ist ein anderer der Vater, ein anderer der Sohn, daß ich, wenn ich beide genannt habe, erkenne, zwei genannt zu haben; und derart ist es dasselbe, was sowohl der Vater wie der Sohn ist, daß ich nicht einsehe, was „zwei" ich genannt habe. Denn obwohl der Vater für sich in vollkommener Weise höchster Geist ist und der Sohn für sich in vollkommener Weise höchster Geist ist, so ist dennoch derart ein- und dasselbe der Geist Vater und der Geist Sohn, daß der Vater und der Sohn nicht zwei Geister sind, sondern *ein* Geist. So daß, wie die einzelnen Eigentümlichkeiten der einzelnen nicht eine Mehrzahl annehmen, weil sie nicht zweien zugehören, ebenso das, was beiden gemeinsam ist, die ungeteilte Einheit bewahrt, obwohl das Ganze den einzelnen zugehört. Wie nämlich nicht zwei Väter oder zwei Söhne sind, sondern *ein* Vater und *ein* Sohn, weil die einzelnen Eigentümlichkeiten den einzelnen gehören, so sind nicht zwei, sondern *ein* Geist, obgleich sowohl dem Vater für sich und dem Sohne für sich zukommt, vollkommener Geist zu sein. Solcherart sind sie durch die Beziehungen

Sic enim diversi sunt per hoc quod alter est pater, alter filius, ut numquam dicatur aut pater filius aut filius pater; et sic idem sunt per substantiam, ut semper sit in patre essentia filii et in filio essentia patris. Est enim non diversa, sed eadem, non plures, sed una utriusque essentia.

## 44.

Unde etiam, si alter alterius dicatur essentia, non erratur a veritate, sed summa unitas simplicitasque commendatur communis naturae. Non enim quemadmodum intelligitur sapientia hominis, per quam homo sapiens est, qui per se non potest esse sapiens, ita intelligi potest, si dicatur pater essentia filii et filius essentia patris, ut eo modo sit filius existens per patrem et pater per filium, quasi non possit alter existens esse nisi per alterum, sicut homo non potest esse sapiens nisi per sapientiam. Sicut namque summa sapientia semper sapit per se, ita summa essentia semper est per se. Est autem perfecte summa essentia pater et perfecte summa essentia filius. Pariter ergo perfectus pater per se est et perfectus filius per se est, sicut uterque sapit per se. Non enim idcirco minus perfecta est essentia vel sapientia filius, quia est essentia nata de patris essentia et sapientia de sapientia; sed tunc minus perfecta essentia aut sapientia esset, si non esset per se aut non saperet per se. Nequaquam enim repugnant, ut filius | et per se subsistat et de patre habeat esse. *Sicut enim pater habet* essentiam et sapientiam et *vitam in semetipso,* ut non per alienam, sed per suam

*Op. omnia*
*p. 61*

entgegengesetzt, daß der eine niemals die Eigentümlichkeit des anderen aufnimmt; solcherart sind sie einträchtig durch die Natur, daß der eine immer die Wesenheit des anderen besitzt. Denn so sind sie dadurch verschieden, daß der eine der Vater ist, der andere der Sohn, daß weder der Vater jemals Sohn noch der Sohn Vater genannt wird; und so sind sie dasselbe durch die Substanz, daß im Vater immer die Wesenheit des Sohnes und im Sohne die Wesenheit des Vaters ist. Es ist nämlich nicht eine verschiedene, sondern dieselbe, nicht mehrere, sondern *eine* Wesenheit beider.

44.

Daher irrt man auch nicht von der Wahrheit ab, wenn einer des anderen Wesenheit genannt wird, sondern es wird (damit) die höchste Einheit und Einfachheit der gemeinsamen Natur nahegelegt. Denn nicht wie die Weisheit des Menschen verstanden wird, durch die der Mensch weise ist, der durch sich nicht weise sein kann, kann es derart verstanden werden, wenn der Vater die Wesenheit des Sohnes und der Sohn die Wesenheit des Vaters genannt wird, daß auf diese Weise der Sohn durch den Vater existent ist und der Vater durch den Sohn, als ob der eine nicht existent sein könnte außer durch den anderen, wie der Mensch nicht weise sein kann außer durch die Weisheit. Denn wie die höchste Weisheit immer durch sich weise ist, so existiert die höchste Wesenheit immer durch sich. Es ist aber die vollkommen höchste Wesenheit der Vater und die vollkommen höchste Wesenheit der Sohn. Es ist also in gleicher Weise der vollkommene Vater durch sich und der vollkommene Sohn durch sich, wie jeder von beiden durch sich weise ist. Denn nicht deshalb ist der Sohn weniger vollkommene Wesenheit oder Weisheit, weil er die aus der Wesenheit des Vaters geborene Wesenheit ist und Weisheit aus der Weisheit; sondern dann wäre er weniger vollkommene Wesenheit oder Weisheit, wenn er nicht durch sich existierte und nicht durch sich weise wäre. Denn durchaus nicht wider-

essentiam sit, per suam sapientiam sapiat, per suam vitam vivat: *ita* gignendo *dat filio habere* essentiam et sapientiam et *vitam in semetipso,* ut non per extraneam, sed per suam essentiam, sapientiam et vitam subsistat, sapiat et vivat. Alioquin non erit idem esse patris et filii, nec erit par patri filius. Quod quam falsum sit liquidissime superius pervisum est.

Io 5, 26

Quare non repugnat filium et subsistere per se et esse de patre, quia hoc ipsum, id est, per seipsum posse subsistere, necesse est illum habere ex patre. Nam si quis sapiens suam me sapientiam, cuius prius expers essem, doceret: utique hoc ipsa sapientia eius facere non incongrue diceretur. Sed quamvis mea sapientia ab illius sapientia haberet esse et sapere, tamen, cum iam esset, non nisi sua essentia esset nec saperet nisi seipsa. Multo igitur magis aeterni patris coaeternus filius, qui sic habet a patre esse, ut non sint duae essentiae, per se subsistit, sapit et vivit. Non igitur sic intelligi potest quod pater filii aut filius patris sit essentia, quasi alter non possit subsistere per se, sed per alterum; sed ad significandam quam habent communionem summe simplicis summeque unius essentiae, sic congrue dici et intelligi potest, quia sic est alter idipsum quod alter, ut alter habeat essentiam alterius. Hac itaque ratione, quoniam utrique non aliud est habere essentiam quam essentiam esse: sicut habet alter alterius essentiam, ita est alter essentia alterius; id est, idem esse est alteri quod alteri.

sprechen sich, daß der Sohn sowohl durch sich besteht als auch vom Vater das Sein hat. „Denn wie der Vater" die Wesenheit, die Weisheit und „das Leben in sich hat", so daß er nicht durch eine fremde, sondern durch *seine* Wesenheit existiert, durch *seine* Weisheit weise ist, durch *sein* Leben lebt, „so gibt er" zeugend dem Sohne, die Wesenheit und Weisheit und „das Leben in sich selbst zu haben", so daß er nicht durch eine fremde Wesenheit, eine fremde Weisheit, ein fremdes Leben, sondern durch *seine* Wesenheit, *seine* Weisheit und *sein* Leben besteht, weise ist und lebt. Sonst wird das Sein des Vaters und des Sohnes nicht dasselbe sein, noch wird der Sohn dem Vater gleich sein. Wie falsch das ist, ist aufs klarste weiter oben (*K. 29*) durchschaut worden.

Dem widerstreitet nicht, daß der Sohn sowohl durch sich besteht als auch vom Vater ist, weil er eben dies, das heißt, daß er durch sich bestehen kann, notwendigerweise aus dem Vater hat. Denn wenn ein Weiser mich seine Weisheit, deren ich vorher nicht kundig war, lehrte, so würde man nicht unpassend sagen, das tue diese seine Weisheit. Aber obwohl meine Weisheit von seiner Weisheit ihr Sein und Weisesein hätte, würde sie dennoch, wenn sie bereits da wäre, nur durch ihre Wesenheit sein und nur durch sich selbst weise sein. Viel mehr also existiert, ist weise und lebt durch sich der dem ewigen Vater gleichewige Sohn, der so vom Vater das Sein hat, daß es nicht zwei Wesenheiten sind. Es kann also nicht so verstanden werden, daß der Vater des Sohnes oder der Sohn des Vaters Wesenheit sei, als ob der eine nicht durch sich, sondern durch den anderen existieren könnte; sondern zur Bezeichnung der Gemeinsamkeit, die sie mit der höchst einfachen und höchst *einen* Wesenheit haben, kann so passend gesagt und verstanden werden, daß der eine solcherart dasselbe ist wie der andere, daß der eine die Wesenheit des anderen hat. Aus diesem Grunde also, weil für jeden von beiden die Wesenheit haben nichts anderes ist als die Wesenheit sein, (folgt): wie der eine des anderen Wesenheit hat, so ist der eine die Wesenheit des anderen; das heißt, dasselbe Sein, das dem einen gehört, gehört dem anderen.

## 45.

Quod licet secundum perspectam rationem verum sit, valde tamen magis congruit filium dici essentiam patris quam patrem essentiam filii. Quoniam namque pater a nullo habet essentiam nisi a seipso, non satis | apte dicitur habere essentiam alicuius nisi suam. Quia vero filius essentiam suam habet a patre, et eandem quam habet pater, aptissime dici potest habere essentiam patris. Quare, quoniam neuter aliter habet essentiam quam existendo essentia: sicut satis aptius intelligitur habere filius patris essentiam quam pater filii, ita convenientius dici potest filius patris essentia quam pater filii. Nam haec una si fiat prolatio, satis acuta brevitate commendat filium non solum eandem essentiam habere cum patre, sed hanc ipsam habere de patre. Ut hoc sit: filius est essentia patris, quod est: filius est non differens essentia de patris essentia, immo de patre essentia. Similiter ergo est filius patris virtus et sapientia seu veritas, et iustitia et quidquid summi spiritus convenit essentiae.

*Op. omnia*
*p. 62*

1 Co 1, 24

## 46.

Videntur tamen quaedam ex iis quae sic proferri et intelligi possunt, aliam quoque non incongruam sub hac ipsa pronuntiatione intelligentiam suscipere. Liquet enim filium esse verum verbum, id est, perfectam intelligentiam sive perfectam totius paternae substantiae cognitionem et scientiam et sapientiam, id est, quae ipsam patris essentiam in-

## 45.

Obwohl das dem durchschauten Grunde gemäß wahr ist, so wird doch sehr viel zutreffender der Sohn die Wesenheit des Vaters als der Vater die Wesenheit des Sohnes genannt. Denn weil der Vater von niemandem als von sich selbst die Wesenheit hat, so wird nicht passend genug gesagt, er habe jemandes Wesenheit, es sei denn die seine. Weil aber der Sohn seine Wesenheit vom Vater hat und (zwar) dieselbe, die der Vater hat, kann höchst passend gesagt werden, er habe die Wesenheit des Vaters. Weil daher keiner von beiden die Wesenheit anders hat, als dadurch, daß er die Wesenheit ist, kann, wie weit passender verstanden werden kann, der Sohn habe die Wesenheit des Vaters, als der Vater die des Sohnes, so zutreffender der Sohn die Wesenheit des Vaters genannt werden, als der Vater die des Sohnes. Denn wenn nur diese eine Aussage gemacht wird, so legt sie in recht scharfer Kürze nahe, daß der Sohn nicht nur dieselbe Wesenheit mit dem Vater hat, sondern (auch), daß er diese selbe vom Vater hat. So daß dies: der Sohn ist die Wesenheit des Vaters, gleich dem ist: der Sohn ist die von der Wesenheit des Vaters, ja vom Vater als Wesenheit nicht verschiedene Wesenheit. In ähnlicher Weise also ist der Sohn des Vaters Stärke und Weisheit oder Wahrheit und Gerechtigkeit und was immer der Wesenheit des höchsten Geistes zukommt.

## 46.

Es scheint jedoch, daß einiges von dem, was auf diese Weise vorgebracht und verstanden werden kann, unter dieser selben Aussage auch einen anderen, nicht unzutreffenden Sinn annimmt. Es ist klar, daß der Sohn das wahre Wort ist, das heißt das vollkommene Verständnis oder die vollkommene Erkenntnis und Wissenschaft und Weisheit der ganzen väterlichen Substanz, das heißt (eine solche), welche die We-

telligit et cognoscit et scit et sapit. Si igitur hoc sensu filius dicatur patris intelligentia et sapientia et scientia et cognitio sive notitia, quoniam intelligit, sapit, scit et novit patrem: nequaquam a veritate disceditur. Veritas quoque patris aptissime dici potest filius, non solum eo sensu, quia est eadem filii veritas, quae est et patris, sicut iam perspectum est; sed etiam hoc sensu, ut in eo intelligatur non imperfecta quaedam imitatio, sed integra veritas paternae substantiae, quia non est aliud quam quod est pater.

## 47.

*Op. omnia*

*p. 63*

At si ipsa substantia patris est intelligentia et scientia et sapientia et veritas, consequenter colligitur quia, sicut filius est intelligentia et scientia et sapientia et veritas paternae substantiae, ita est intelligentia intelligentiae, scientia scientiae, sapientia sapientiae, veritas veritatis.

## 48.

De memoria vero quid sentiendum est? An aestimandus est filius intelligentia memoriae sive memoria patris, aut memoria memoriae? Equidem cum summa sapientia sui memor esse negari non possit: nihil competentius quam in memoria pater sicut in verbo filius intelligitur, quoniam de memoria nasci verbum videtur.

senheit des Vaters selbst versteht und erkennt und weiß **und erfaßt**.
Wenn also in diesem Sinne der Sohn des Vaters Verständnis und Weisheit und Wissenschaft und Erkenntnis oder Kenntnis genannt wird, weil er den Vater versteht, erfaßt, weiß und kennt, so weicht man keineswegs von ·der Wahrheit ab. Auch die Wahrheit des Vaters kann der Sohn sehr treffend genannt werden, nicht allein in dem Sinne, daß die Wahrheit des Sohnes dieselbe ist wie auch die des Vaters, wie bereits erschaut wurde (*s. K. 38*), sondern auch in dem Sinne, daß in ihm nicht eine gewisse unvollkommene Nachahmung, sondern ·die unversehrte Wahrheit der väterlichen Substanz erkannt wird, weil er nichts anderes ist, als was der Vater ist.

### 47.

Wenn aber die Substanz des Vaters Erkenntnis und Wissenschaft und Weisheit und Wahrheit ist, so wird folgerichtig geschlossen, daß der Sohn, wie er die Erkenntnis und Wissenschaft und Weisheit und Wahrheit der väterlichen Substanz ist, so die Erkenntnis der Erkenntnis, die Wissenschaft der Wissenschaft, die Weisheit der Weisheit **und** die Wahrheit der Wahrheit ist.

### 48.

Was ist aber vom Bewußtsein zu halten? Ist wohl der Sohn als die Erkenntnis des Bewußtseins oder als das Bewußtsein des Vaters oder als das Bewußtsein des Bewußtseins zu erachten? Da in der Tat nicht geleugnet werden kann, daß die höchste Weisheit sich ihrer bewußt ist, (ist) nichts angemessener, als daß unter dem Bewußtsein der Vater, wie unter dem Worte der Sohn verstanden wird, weil vom Bewußtsein das Wort geboren zu werden scheint.

Quod clarius in nostra mente percipitur. Quoniam namque mens humana non semper se cogitat, sicut sui semper meminit: liquet, cum se cogitat, quia verbum eius nascitur de memoria. Unde apparet quia, si semper se cogitaret, semper verbum eius de memoria nasceretur. Rem etenim cogitare, cuius memoriam habemus, hoc est mente eam dicere; verbum vero rei est ipsa cogitatio ad eius similitudinem ex memoria formata.

Hinc itaque liquido animadverti potest de summa sapientia, quae sic semper se dicit, sicut semper sui memor est, quia de aeterna memoria eius coaeternum verbum nascitur. Sicut igitur verbum congrue intelligitur proles, ita memoria parentis nomen aptissime | suscipit. Si ergo proles, quae omnino de solo summo spiritu nata est, proles est memoriae eius: nihil consequentius quam quia memoria sua est idem ipse. Quippe non in eo quod sui memor est, sic est in sua memoria velut alia res in alia, quemadmodum ea quae sic sunt in humanae mentis memoria, ut non sint ipsa nostra memoria; sed sic est memor sui, ut ipse memoria sua sit.

Consequitur itaque ut, quomodo filius est intelligentia sive sapientia patris, ita sit et paternae memoriae. At quidquid filius sapit aut intelligit, eius similiter et meminit. Est igitur filius memoria patris et memoria memoriae, id est, memoria memor patris, qui est memoria, sicut est sapientia patris et sapientia sapientiae, id est sapientia sapiens patrem sapientiam. Et filius quidem memoria nata de memoria, sicut sapientia nata de sapientia; pater vero de nullo nata memoria vel sapientia.

*Op. omnia*
*p. 64*

Das wird deutlicher in unserem Geiste wahrgenommen. Weil nämlich der menschliche Geist nicht immer sich denkt, wie er sich seiner immer bewußt ist, ist es klar, daß, wenn er sich denkt, sein Wort vom Bewußtsein geboren wird. Daraus erhellt, daß, wenn er sich immer denken würde, sein Wort immer aus dem Bewußtsein geboren würde. Denn eine Sache denken, von der wir ein Bewußtsein haben, heißt, sie im Geiste sprechen; das Wort einer Sache aber ist das Denken selbst, insofern es nach ihrer Ähnlichkeit aus dem Bewußtsein geformt ist.

Von daher also kann in Hinsicht auf die höchste Weisheit, die sich so immer spricht, wie sie sich immer ihrer bewußt ist, klar ersehen werden, daß von ihrem ewigen Bewußtsein das gleichewige Wort geboren wird. Wie demnach das Wort zutreffend als Kind verstanden wird, so nimmt das Bewußtsein höchst passend den Namen des Elters an. Wenn also das Kind, das durchaus vom höchsten Geiste allein geboren ist, das Kind seines Bewußtseins ist, so ist nichts folgerichtiger, als daß sein Bewußtsein er selber ist. Denn nicht dadurch, daß er sich seiner bewußt wird, ist er so in seinem Bewußtsein wie ein Ding in einem anderen — wie das, was so im Bewußtsein des menschlichen Geistes ist, daß es nicht unser Bewußtsein selber ist —; sondern so ist er sich seiner bewußt, daß er selbst sein Bewußtsein ist.

Es folgt daher, daß der Sohn, wie er die Erkenntnis oder die Weisheit des Vaters ist, so auch die des väterlichen Bewußtseins ist. Was aber der Sohn weiß oder erkennt, dessen ist er sich auf ähnliche Weise auch bewußt. Es ist also der Sohn das Bewußtsein des Vaters und das Bewußtsein des Bewußtseins, das heißt das Bewußtsein, das sich des Vaters, der Bewußtsein ist, bewußt ist, wie er die Weisheit des Vaters und die Weisheit der Weisheit ist, das heißt die Weisheit, die den Vater, die Weisheit, kennt. Und zwar (ist) der Sohn das von dem Bewußtsein geborene Bewußtsein, wie die von der Weisheit geborene Weisheit; der Vater hingegen das von niemandem geborene Bewußtsein oder die von niemandem geborene Weisheit.

# 49.

Sed ecce, dum huius patris filiique proprietates communionemque delectabiliter intueor, nihil delectabilius in illis contemplandum invenio quam mutui amoris affectum. Quam enim absurde negetur summus spiritus se amare, sicut sui memor est et se intelligit, cum et mens rationalis se et illum amare posse convincatur, ex eo quia sui et illius memor esse et se et illum intelligere potest? Otiosa namque et penitus inutilis est memoria et intelligentia cuiuslibet rei, nisi, prout ratio exigit, res ipsa ametur aut reprobetur. Amat ergo seipsum summus spiritus, sicut sui meminit et se intelligit.

*Op. omnia*
*p. 65*

# 50.

Palam certe est rationem habenti eum non idcirco sui memorem esse aut se intelligere, quia se amat, sed ideo se amare, quia sui meminit et se intelligit; nec eum se posse amare, si sui non sit memor aut se non intelligat. Nulla enim res amatur sine eius memoria aut intelligentia, et multa tenentur memoria et intelliguntur, quae non amantur. Patet igitur amorem summi spiritus ex eo procedere, quia sui memor est et se intelligit. Quod si in memoria summi spiritus intelligitur pater, in intelligentia filius: manifestum est quia a patre pariter et filio summi spiritus amor procedit.

## 49.

Aber siehe, während ich dieses Vaters und Sohnes Eigentümlichkeiten und ihre Gemeinsamkeit mit Ergötzen erwäge, finde ich in ihnen nichts Ergötzlicheres zu betrachten als die Zuneigung gegenseitiger Liebe. Denn wie widersinnig würde geleugnet, daß der höchste Geist sich liebt, wie er sich seiner bewußt ist und sich erkennt, da auch vom vernünftigen Geiste daraus, daß er seiner und jenes sich bewußt sein und sich und jenen erkennen kann, bewiesen wird, daß er sich und jenen lieben kann? Denn müßig und völlig nutzlos ist das Bewußtsein und die Erkenntnis irgendeiner Sache, wenn nicht die Sache selbst, je nachdem es die Vernunft verlangt, geliebt oder verworfen würde. Es liebt also sich selbst der höchste Geist, wie er sich seiner bewußt ist und sich erkennt.

## 50.

Sicherlich ist es dem, der Vernunft hat, einleuchtend, daß er nicht deshalb sich seiner bewußt ist oder sich erkennt, weil er sich liebt, sondern deshalb sich liebt, weil er sich seiner bewußt ist und sich erkennt; und daß er sich nicht lieben kann, wenn er sich seiner nicht bewußt ist oder sich nicht erkennt. Denn keine Sache wird geliebt ohne Bewußtsein oder Erkenntnis von ihr, und vieles wird im Bewußtsein bewahrt und erkannt, was nicht geliebt wird. Es ist also klar, daß die Liebe des höchsten Geistes daraus hervorgeht, daß er sich seiner bewußt ist und sich erkennt. Wenn im Bewußtsein des höchsten Geistes der Vater verstanden wird, in der Erkenntnis der Sohn, so ist es offenbar, daß vom Vater und Sohne in gleicher Weise die Liebe des höchsten Geistes hervorgeht.

## 51.

Sed si se amat summus spiritus, procul dubio amat se pater, amat se filius, et alter alterum; quia singulus pater est summus spiritus, et singulus filius summus spiritus, et ambo simul unus spiritus; et quia uterque pariter sui et alterius meminit et se et alterum intelligit. Et quoniam omnino idipsum est quod amat vel amatur in patre, et quod in filio: necesse est ut pari amore uterque diligat se et alterum.

## 52.

Quantus ergo est amor iste summi spiritus sic communis patri et filio? Sed si tantum se diligit, quantum sui meminit et se intelligit, tantum autem sui memor est et intelligit se, quanta est eius essentia, quod aliter esse non potest: profecto tantus est amor eius, quantus ipse est.

*Op. omnia*
*p. 66*

## 53.

Verum quid potest esse par summo spiritui nisi summus spiritus? Iste itaque amor est summus spiritus. Denique si nulla umquam creatura, id est, si nihil umquam aliud esset quam summus spiritus pater et filius: nihilominus seipsos et invicem pater et filius diligerent. Consequitur itaque hunc amorem non esse aliud quam quod est pater et filius, quod est summa essentia. At quoniam summae essentiae

## 51.

Wenn aber der höchste Geist sich liebt, so liebt ohne Zweifel der Vater sich, liebt der Sohn sich und der eine den anderen, weil der Vater für sich höchster Geist ist und der Sohn für sich höchster Geist und beide zugleich *ein* Geist; und weil jeder von beiden sich in gleicher Weise seiner und des anderen bewußt ist und sich und den anderen erkennt. Und weil völlig dasselbe ist, was im Vater liebt und geliebt wird und was im Sohne, ist es notwendig, daß jeder von beiden mit gleicher Liebe sich und den anderen liebt.

## 52.

Wie groß ist also diese Liebe des höchsten Geistes, die dem Vater und dem Sohne so gemeinsam ist? Aber wenn er sich so sehr liebt, wie er sich seiner bewußt ist und sich erkennt, so sehr aber sich seiner bewußt ist und sich erkennt, wie seine Wesenheit groß ist — was anders nicht sein kann —, dann ist natürlich seine Liebe so groß, wie er selbst ist.

## 53.

Aber was kann dem höchsten Geiste gleich sein, wenn nicht der höchste Geist? Diese Liebe ist also der höchste Geist. Wenn es schließlich niemals ein Geschöpf, das heißt, wenn es niemals etwas anderes gäbe als den höchsten Geist, Vater und Sohn, würden trotzdem Vater und Sohn sich selber und einander lieben. Es folgt also, daß diese Liebe nichts anderes ist, als was der Vater und der Sohn ist, das ist die höchste Wesenheit. Weil aber mehrere höchste Wesenheiten nicht sein können:

plures esse non possunt: quid magis necessarium, quam patrem et filium et utriusque amorem unam esse summam essentiam? Est igitur idem amor summa sapientia, summa veritas, summum bonum, et quidquid de summi spiritus substantia dici potest.

## 54.

Intuendum est diligenter, utrum sint duo amores, unus a patre procedens, alter a filio; an unus non totus ab uno procedens, sed partim a patre, partim a filio; an nec plures nec unus partim procedens a singulis, sed unus totus a singulis et idem totus a duobus simul.

Sed huius dubitationis certitudo hinc indubitanter cognoscitur, quia non ex eo procedit in quo plures sunt pater et filius, sed ex eo in quo unum sunt. Nam non ex relationibus suis, quae plures sunt — alia est enim relatio patris, alia filii —, sed ex ipsa sua essentia, quae pluralitatem non admittit, emittunt pater et filius pariter tantum bonum. Sicut ergo singulus pater est summus spiritus, et singulus filius est summus spiritus, et simul pater et filius non duo, sed unus spiritus: ita a singulo patre manat totus amor summi spiritus, et a singulo filio totus, et simul a patre et filio non duo toti, sed unus idemque totus.

was ist (dann) notwendiger, als daß Vater und Sohn und beider Liebe die *eine* höchste Wesenheit sind? Es ist also diese Liebe die höchste Weisheit, die höchste Wahrheit, das höchste Gut, und was immer von der Substanz des höchsten Geistes ausgesagt werden kann.

## 54.

Es ist sorgfältig zu erwägen, ob es eine zweifache Liebe gibt, eine, die vom Vater ausgeht, eine andere vom Sohne; oder eine, die nicht ganz von *einem* ausgeht, sondern zum Teil vom Vater, zum Teil vom Sohne; oder weder eine mehrfache noch *eine*, die teilweise von den einzelnen ausgeht, sondern *eine*, ganz von jedem einzelnen und ebenso ganz von beiden zugleich.

Aber die Gewißheit um diesen Zweifel wird unzweifelhaft daher erkannt, daß sie nicht aus dem hervorgeht, worin Vater und Sohn mehrere sind, sondern aus dem, worin sie *eins* sind. Denn nicht aus ihren Beziehungen, die mehrfach sind — eine andere nämlich ist die Beziehung des Vaters, eine andere die des Sohnes —, sondern aus ihrer Wesenheit selbst, die eine Mehrheit nicht zuläßt, entsenden Vater und Sohn in gleicher Weise ein so großes Gut. Wie also der Vater für sich der höchste Geist ist und der Sohn für sich der höchste Geist, und Vater und Sohn zugleich nicht zwei, sondern *ein* Geist, so strömt aus dem Vater für sich die ganze Liebe des höchsten Geistes und aus dem Sohne für sich die ganze und von Vater und Sohn zusammen nicht zwei ganze, sondern *ein*- und dieselbe ganze.

## 55.

Quid ergo? Cum hic amor pariter habeat esse a patre et
filio, et sic similis sit ambobus, ut nullatenus dissimilis sit
illis, sed omnino idem sit quod illi: numquid filius eorum
aut proles aestimandus est? Sed sicut verbum mox consi-
deratur, se prolem eius esse a quo est, evidentissime probat,
promptam praeferendo parentis imaginem: sic amor aperte
se prolem negat, quia, dum a patre et filio procedere intelligitur, non statim tam perspicuam exhibet se contemplanti
eius ex quo est similitudinem; quamvis ipsum considerata
ratio doceat omnino id ipsum esse quod est pater et filius.
Denique si proles eorum est: aut alter eorum erit pater
eius, alter mater, aut uterque pater sive mater est; quae
omnia veritati repugnare videntur. Quoniam namque nullatenus aliter a patre procedit quam a filio, nulla veritas
patitur, ut dissimili vocabulo ad illum pater et filius referantur. Non est igitur alter pater eius, alter mater. Ut
autem duo aliqua sint, quae singula perfectam et nulla con-
sideratione differentem habeant pariter ad aliquid unum
patris aut matris habitudinem: nulla natura aliquo mon-
strari concedit exemplo. Ergo non est uterque, scilicet pater et filius, pater aut mater amoris a se manantis. Nequaquam itaque videtur veritati convenire, ut idem amor
eorum filius sit aut proles.

## 56.

Sed videtur tamen amor idem nec omnino secundum
communis locutionis usum dici posse ingenitus, nec ita proprie, sicut verbum, genitus. Solemus enim saepe dicere ali-

## 55.

Was also? Da diese Liebe das Sein in gleicher Weise vom Vater und
Sohn hat und beiden so ähnlich ist, daß sie ihnen in keiner Weise unähnlich ist, sondern ganz dasselbe wie sie: ist sie (dann) etwa als ihr Sohn
oder Kind zu halten? Aber wie das Wort, sobald es betrachtet wird,
sich aufs einleuchtendste als das Kind dessen erweist, von dem es ist,
indem es das offensichtliche Abbild des Elters zur Schau trägt, so ver-
leugnet sich die Liebe offen als Kind; denn während sie vom Vater
und Sohne ausgeht, bietet sie nicht sofort dem, der sie betrachtet, eine
so offensichtliche Ähnlichkeit mit dem, aus dem sie ist, dar, obwohl
der erwogene Vernunftgrund lehrt, daß sie genau dasselbe ist, was
Vater und Sohn ist. Wenn sie schließlich ihr Kind ist, so wird entweder der eine ihr Vater, der andere die Mutter sein, oder jeder von beiden ist Vater oder Mutter, was alles sichtlich der Wahrheit widerstreitet. Weil sie nämlich durchaus nicht anders vom Vater als vom Sohne
ausgeht, duldet keine Wahrheit, daß Vater und Sohn mit einem un-
gleichen Namen auf sie bezogen werden. Es ist also nicht der eine ihr
Vater, der andere die Mutter. Daß es aber zwei Wesen gibt, die jedes
für sich in gleicher Weise ein vollkommenes und in keiner Hinsicht verschiedenes Verhältnis von Vater oder Mutter zu einem dritten haben,
das durch ein Beispiel zu erhärten erlaubt keine Natur. Mithin sind
nicht beide, nämlich Vater und Sohn, Vater oder Mutter der ihr ent-
strömenden Liebe. Keineswegs also scheint es mit der Wahrheit verein-
bar zu sein, daß diese Liebe ihr Sohn oder Kind ist.

## 56.

Es scheint aber dennoch diese Liebe nach dem allgemeinen Sprachgebrauch weder gänzlich „ungezeugt" genannt werden zu können noch
so eigentümlich wie das Wort „gezeugt". Wir pflegen nämlich oft zu

Op. omnia
p. 68

quid gigni ex ea re, de qua existit; ut cum dicimus calorem aut splendorem gigni ab igne, seu aliquod effectum ex | causa sua. Secundum hanc igitur rationem amor a summo spiritu exiens non omnino asseri potest ingenitus. Ita vero proprie sicut verbum dici genitus non potest, quia verbum verissimam esse prolem et verissimum filium, amorem vero nullatenus filium aut prolem esse manifestum est. Potest itaque, immo debet dici solus ille, cuius verbum est, genitor et ingenitus, quia solus est pater et parens, et nullo modo ab alio est. Solum autem verbum genitum, quia solum filius et proles est. Solus vero amor utriusque nec genitus nec ingenitus, quia nec filius est nec proles est, nec omnino non est ab alio.

## 57.

Quoniam autem idem amor singulus est summa essentia sicut pater et filius, et tamen simul pater et filius et utriusque amor non plures, sed una summa essentia, quae sola a nullo facta non per aliud quam per se omnia fecit: necesse est ut, quemadmodum singulus pater et singulus filius est increatus et creator, ita et amor singulus sit increatus et creator; et tamen omnes tres simul non plures, sed unus increatus et unus creator. Patrem itaque nullus facit sive creat aut gignit. Filium vero pater solus non facit, sed gignit. Pater autem pariter et filius non faciunt neque gignunt, sed quodammodo, si sic dici potest, spirant suum amorem. Quamvis enim non nostro modo spiret summe incommutabilis essentia, tamen ipsum suum amorem a se ineffabiliter procedenten non discedendo ab illa, sed exi-

sagen, etwas werde aus dem Dinge gezeugt, aus dem es entsteht; so wenn wir sagen, die Wärme oder die Helligkeit werde vom Feuer gezeugt oder eine Wirkung aus ihrer Ursache. Diesem Sachverhalt gemäß also kann die Liebe, die vom höchsten Geiste ausgeht, nicht gänzlich „ungezeugt" genannt werden. So eigentlich aber wie das Wort kann sie nicht „gezeugt" genannt werden, weil das Wort offensichtlich wahrstes Kind und wahrster Sohn ist, die Liebe dagegen in keiner Weise Sohn oder Kind ist. Mithin kann, ja muß jener allein, dessen das Wort ist, „Erzeuger" und „ungezeugt" genannt werden, weil er allein Vater und Elter ist und in keiner Weise von einem anderen ist. Das Wort allein aber „gezeugt", weil es allein Sohn und Kind ist. Die beiderseitige Liebe aber allein weder „gezeugt" noch „ungezeugt", weil sie weder Sohn noch Kind ist und nicht gänzlich nicht von einem andern ist.

## 57.

Weil aber diese Liebe für sich die höchste Wesenheit ist wie der Vater und der Sohn, und dennoch der Vater und der Sohn und die beiderseitige Liebe zusammen nicht mehrere, sondern *eine* höchste Wesenheit, die allein von niemandem gemacht, durch nichts anderes als durch sich alles gemacht hat, so ist es notwendig, daß, wie der Vater für sich und der Sohn für sich ungeschaffen und Schöpfer ist, so auch die Liebe für sich ungeschaffen und Schöpfer ist, und dennoch alle drei zusammen nicht mehrere, sondern *ein* Ungeschaffener und *ein* Schöpfer. Den Vater also macht oder erschafft oder zeugt niemand. Den Sohn aber macht nicht, sondern zeugt der Vater allein. Der Vater aber und in gleicher Weise der Sohn machen nicht noch zeugen sie, sondern, wenn man so sagen darf, hauchen gewissermaßen ihre Liebe. Denn obwohl die höchst unveränderliche Wesenheit nicht auf unsere Weise haucht, so scheint dennoch vielleicht nicht auf eine andere Weise passender ausgedrückt

stendo ex illa, forsan non alio modo videtur posse dici aptius ex se emittere quam spirando.

*Op. omnia*
*p. 69*

Quod si dici potest: sicut verbum summae essentiae filius est eius, ita eiusdem amor satis convenienter appellari potest spiritus eius. Ut, cum essentialiter ipse sit spiritus sicut pater et filius, illi non putentur alicuius spiritus, quia nec pater ab ullo alio est, nec filius a patre quasi spirante nascitur, iste autem aestimetur spiritus utriusque, quia ab utroque suo quodam inenarrabili modo spirante mirabiliter procedit. Qui etiam ex eo, quia est communio patris et filii, non absque ratione quasi proprium assumere posse videtur aliquod nomen, quod patri filioque commune sit, si proprii nominis exigit indigentia. Quod quidem, si fiat, scilicet ut ipse amor nomine « spiritus », quod substantiam pariter patris et filii significat, quasi proprio designetur: ad hoc quoque non inutiliter valebit, ut per hoc idipsum esse quod est pater et filius, quamvis ab illis esse suum habeat, intimetur.

## 58.

Potest quoque, quemadmodum filius est substantia et sapientia et virtus patris eo sensu, quia habet eandem essentiam et sapientiam et virtutem quam pater: ita utriusque spiritus intelligi essentia vel sapientia vel virtus patris et filii, quia habet omnino eandem, quam habent illi.

werden zu können, daß sie die von ihr auf unaussprechliche Art hervorgehende Liebe — nicht indem sie sich von ihr entfert, sondern indem sie aus ihr existiert — aus sich entsendet, als durch Hauchen.

Wenn man das sagen kann, dann kann, wie das Wort der höchsten Wesenheit ihr Sohn ist, so ihre Liebe sehr zutreffend ihr Geist (= Hauch) genannt werden. So daß, obwohl sie wesenhaft Geist ist wie der Vater und der Sohn, diese nicht als Geist eines anderen angesehen werden, weil weder der Vater von irgendeinem anderen ist, noch der Sohn vom Vater als einem Hauchenden geboren wird, sie aber als Geist beider erachtet wird, weil sie von beiden durch eine ihnen eigentümliche unaussprechliche Weise von Hauchen wunderbar hervorgeht. Sie scheint auch daraus, daß sie die Gemeinschaft von Vater und Sohn ist, nicht ohne Grund gleichsam als Eigentum einen Namen annehmen zu können, der dem Vater und dem Sohne gemeinsam ist, wenn das Fehlen eines eigenen Namens es erfordert. Wenn das geschieht, daß nämlich diese Liebe mit dem Namen „Geist", der die Substanz des Vaters und des Sohnes gleicherweise anzeigt, als ihrem eigenen bezeichnet wird, so wird das auch nicht unnützerweise dazu dienen, daß durch ihn nahegebracht wird, daß sie dasselbe ist, was der Vater und der Sohn ist, obgleich sie von ihnen ihr Sein hat.


## 58.

Wie der Sohn die Substanz und Weisheit und Kraft des Vaters ist in dem Sinne, daß er dieselbe Wesenheit und Weisheit und Kraft wie der Vater hat, so kann auch beider Geist als Wesenheit oder Weisheit oder Kraft des Vaters und des Sohnes verstanden werden, weil er ganz dieselbe hat, die jene haben.

## 59.

Iucundum est intueri in patre et filio et utriusque spiritu, quomodo sint in se invicem tanta aequalitate, ut nullus alium excedat. Praeter hoc enim quia unusquisque illorum sic est perfecte summa essentia, ut tamen omnes tres simul non sint nisi una summa essentia, quae nec sine se vel extra se nec maior vel minor seipsa esse potest: per singulos tamen idipsum non minus valet probari. Est etenim totus pater in filio et communi spiritu, et filius in patre et eodem spiritu, et idem spiritus in patre et filio, quia memoria summae essentiae tota est in eius intelligentia et in amore, et intelligentia in memoria et in amore, et amor in memoria et intelligentia. Totam quippe suam memoriam summus spiritus intelligit et amat, et totius intelligentiae meminit et totam amat, et totius amoris meminit et totum intelligit. Intelligitur autem in memoria pater, in intelligentia filius, in amore utriusque spiritus. Tanta igitur pater et filius et utriusque spiritus aequalitate sese complectuntur et sunt in se invicem, ut eorum nullus alium excedere aut sine eo esse probetur.

## 60.

Sed in his nullatenus negligenter memoriae commendandum, quod intuenti mihi occurrit, existimo. Sic enim necesse est ut pater intelligatur memoria, filius intelligentia, spiritus amor: ut nec pater indigeat filio aut communi spiritu, nec filius patre vel eodem spiritu, sive idem spiritus patre aut filio, quasi pater per se meminisse solum possit, intelligere autem non nisi per filium, et amare non nisi per

## 59.

Es ist ergötzlich, im Vater und Sohne und beider Geist zu schauen, wie sie mit so großer Gleichheit ineinander sind, daß keiner aus dem anderen heraustritt. Denn abgesehen davon, daß jeder von ihnen so vollkommen die höchste Wesenheit ist, daß dennoch alle drei zusammen nur *eine* höchste Wesenheit sind, die weder ohne sich oder außer sich noch größer oder kleiner als sie selbst sein kann, so vermag man doch dasselbe nicht weniger für jeden einzelnen zu beweisen. Denn es ist ganz der Vater im Sohne und im gemeinsamen Geiste, und der Sohn im Vater und demselben Geiste, und dieser Geist im Vater und Sohne, weil das Bewußtsein der höchsten Wesenheit ganz in ihrer Erkenntnis und in der Liebe ist, und die Erkenntnis in dem Bewußtsein und in der Liebe, und die Liebe in dem Bewußtsein und in der Erkenntnis. Sein ganzes Bewußtsein erkennt und liebt ja der höchste Geist und ist sich der ganzen Erkenntnis bewußt und liebt sie ganz und ist sich der ganzen Liebe bewußt und erkennt sie ganz. Es wird aber unter dem Bewußtsein der Vater, unter der Erkenntnis der Sohn, unter der Liebe beider Geist verstanden. Mit so großer Gleichheit also umfassen sich der Vater und der Sohn und beider Geist und sind ineinander, daß erwiesen ist, daß keiner von ihnen aus dem anderen heraustritt oder ohne ihn ist.

## 60.

Doch glaube ich, daß bei ihnen keineswegs achtlos dem Gedächtnis überliefert werden muß, was mir beim Betrachten begegnet. Denn derart ist es notwendig, daß der Vater als Bewußtsein, der Sohn als Erkenntnis, der Geist als Liebe verstanden wird, daß weder der Vater des Sohnes oder des gemeinsamen Geistes bedarf, noch der Sohn des Vaters oder dieses Geistes, oder dieser Geist des Vaters oder des Sohnes, als ob der Vater durch sich nur bewußt sein könnte, erkennen aber nur

suum filiique spiritum; et filius per se intelligere tantum queat, per patrem autem memor sit, et per spiritum suum amet; et idem spiritus per se non aliud quam amare valeat, sed pater illi sit memor, et filius illi intelligat. Nam cum in his | tribus unusquisque singulus sit summa essentia et summa sapientia sic perfecta, ut ipsa per se memor sit et intelligat et amet: necesse est, ut nullus horum trium alio indigeat aut ad memorandum aut ad intelligendum aut ad amandum. Singulus enim quisque essentialiter est et memoria et intelligentia et amor et quidquid summae essentiae necesse est inesse.

Op. omnia
p. 71

### 61.

Quandam hic video quaestionem occurrere. Nam si pater ita est intelligentia et amor, sicut est memoria; et filius sic est memoria et amor, quomodo est intelligentia; et utriusque spiritus non minus est memoria et intelligentia quam amor: quomodo non est pater filius et alicuius spiritus; et quare non est filius pater et spiritus alicuius; et cur non est idem spiritus alicuius pater et alicuius filius? Sic quippe intelligebatur quod memoria esset pater, filius intelligentia, utriusque spiritus amor.

Verum haec quaestio non difficile solvitur, si ea quae iam ratione inventa sunt considerentur. Idcirco enim non est pater filius aut alterius spiritus, licet sit intelligentia et amor, quia non est intelligentia genita aut amor ab aliquo procedens; sed quidquid est, gignens est tantum et a quo procedit alius. Filius quoque ideo non est pater aut alicuius spiritus, quamvis seipso et memor sit et amet, quia non est memoria gignens aut amor ab alio ad similitudinem sui spiritus procedens; sed quidquid existit, tantum gigni-

durch den Sohn und lieben nur durch seinen und des Sohnes Geist; und der Sohn durch sich nur erkennen könnte, durch den Vater aber bewußt wäre und durch seinen Geist liebte; und dieser Geist durch sich nichts anderes als zu lieben vermöchte, der Vater aber für ihn bewußt wäre und der Sohn für ihn erkännte. Denn da bei diesen dreien jeder einzelne eine so vollkommene höchste Wesenheit und höchste Weisheit ist, daß sie durch sich bewußt ist und erkennt und liebt, ist es notwendig, daß keiner dieser drei eines anderen bedarf, sei es zum Bewußtsein oder zum Erkennen oder zum Lieben. Denn jeder einzelne ist wesenhaft sowohl Bewußtsein als auch Erkenntnis und Liebe und was immer der höchsten Wesenheit notwendig innewohnt.

## 61.

Hier sehe ich eine Frage auftauchen. Denn wenn der Vater ebenso Erkenntnis und Liebe ist, wie er Bewußtsein ist; und der Sohn ebenso Bewußtsein und Liebe, wie er Erkenntnis ist; und beider Geist nicht weniger Bewußtsein und Erkenntnis ist als Liebe: wieso ist (dann) nicht der Vater Sohn und Geist eines anderen, und warum ist nicht der Sohn Vater und Geist eines anderen, und warum ist dieser Geist nicht eines anderen Vater und eines anderen Sohn? So nämlich wurde verstanden, daß das Bewußtsein der Vater sei, der Sohn die Erkenntnis, beider Geist die Liebe.

Aber diese Frage läßt sich unschwer lösen, wenn das, was durch die Vernunft schon gefunden wurde, in Betracht gezogen wird. Denn deshalb ist der Vater nicht Sohn oder eines anderen Geist, obwohl er Erkenntnis und Liebe ist, weil er nicht gezeugte Erkenntnis ist oder von einem anderen ausgehende Liebe; sondern was immer er ist, ist er nur zeugend und (einer), von dem ein anderer ausgeht. Auch der Sohn ist deshalb nicht Vater oder eines anderen Geist, obwohl er durch sich selbst sowohl Bewußtsein hat als auch liebt, weil er nicht zeugendes Be-

tur, et est a quo spiritus procedit. Spiritum quoque non cogit esse patrem aut filium hoc, quia contentus est memoria aut intelligentia sua, cum non sit memoria gignens aut intelligentia genita, sed | solum quidquid est procedat. Quid igitur prohibet concludi quia unus tantum est in summa essentia pater, unus filius, unus spiritus, et non tres patres aut filii aut spiritus?

*Op. omnia*

*p. 72*

## 62.

Sed ne forte repugnet huic assertioni quod intueor. Nam dubium esse non debet, quia pater et filius et eorum spiritus unusquisque seipsum et alios ambos dicit, sicut se et alios intelligit. Quod si ita est: quomodo non sunt in summa essentia tot verba, quot sunt dicentes et quot sunt qui dicuntur? Si enim plures homines unum aliquid cogitatione dicant: tot eius videntur esse verba, quot sunt cogitantes; quia in singulorum cogitationibus verbum eius est. Item si unus homo cogitet plura aliqua, tot verba sunt in mente cogitantis, quot sunt res cogitatae.

Sed in hominis cogitatione, cum cogitat aliquid quod extra eius mentem est, non nascitur verbum cogitatae rei ex ipsa re, quoniam ipsa absens est a cogitationis intuitu, sed ex rei aliqua similitudine vel imagine, quae est in cogitantis memoria, aut forte quae tunc, cum cogitat per corporeum sensum ex re praesenti in mentem attrahitur.

In summa vero essentia sic sibi semper sunt praesentes pater et filius et eorum spiritus — est enim, sicut iam perspectum est, unusquisque non minus in aliis quam in seipso — , ut, cum invicem se dicunt, sic videatur idem ipse qui

wußtsein ist oder von einem anderen nach Ähnlichkeit seines Geistes ausgehende Liebe; sondern was immer er ist, wird nur gezeugt und ist er (einer), von dem der Geist ausgeht. Auch den Geist zwingt nicht das, Vater oder Sohn zu sein, daß er in seinem Bewußtsein oder seiner Erkenntnis enthalten ist, da er nicht zeugendes Bewußtsein oder gezeugte Erkenntnis ist; sondern was immer er ist, nur ausgeht. Was hindert also zu schließen, daß in der höchsten Wesenheit nur *ein* Vater, *ein* Sohn, *ein* Geist ist, und nicht drei Väter oder Söhne oder Geister?

## 62.

Aber es möge dieser Behauptung nicht etwa das, was ich schaue, widersprechen. Denn es darf nicht zweifelhaft sein, daß ein jeder, der Vater und der Sohn und ihr Geist, sich selbst und die beiden anderen spricht, wie er sich und die andern erkennt. Wenn dem so ist: inwiefern sind (dann) in der höchsten Wesenheit nicht so viele Worte, als Sprechende sind und Gesprochene sind? Wenn nämlich mehrere Menschen *einen* Gegenstand in Gedanken aussprechen, scheinen so viele Worte da zu sein, als Denkende sind, weil in den Gedanken jedes einzelnen ein Wort davon vorhanden ist. Desgleichen sind, wenn *ein* Mensch mehrere Gegenstände denkt, so viele Worte im Geist des Denkenden, als gedachte Gegenstände sind.

Jedoch wird im Denken des Menschen, wenn er etwas denkt, was außerhalb seines Geistes ist, das Wort des gedachten Gegenstandes nicht aus dem Gegenstand selbst geboren, weil dieser fern von der Sicht des Denkens ist, sondern aus einer Ähnlichkeit oder einer Abbildung des Gegenstandes, die im Gedächtnis des Denkenden ist, oder die etwa dann, wenn er denkt, durch den körperlichen Sinn aus dem gegenwärtigen Gegenstand in den Geist hereingezogen wird.

In der höchsten Wesenheit hingegen sind der Vater und der Sohn und ihr Geist sich stets so gegenwärtig — es ist nämlich, wie schon

dicitur, gignere verbum suum, quemadmodum cum a seipso dicitur. Quomodo ergo nihil gignit filius aut eius patrisque spiritus, si unusquisque eorum verbum suum gignit, cum a se dicitur vel ab alio? Quot autem verba probari possunt de summa nasci substantia, tot eam necesse est secundum

*Op. omnia*
*p. 73*

superiorem considerationem filios gignere, et tot emittere | spiritus. Hac itaque ratione videntur in illa esse non solum multi patres et filii et procedentes, sed et aliae necessitudines.

## 63.

Aut certe pater et filius et eorum spiritus, de quibus iam certissimum est quia vere existunt, non sunt tres dicentes, quamvis singulus quisque sit dicens; nec sunt plura quae dicuntur, cum unusquisque seipsum et alios duos dicit. Sicut enim summae sapientiae inest scire et intelligere, ita utique aeternae incommutabilisque scientiae et intelligentiae naturale est semper id praesens intueri, quod scit et intelligit. Nihil autem aliud est summo spiritui huiusmodi dicere quam quasi cogitando intueri, sicut nostrae mentis locutio non aliud est quam cogitantis inspectio. Certissimum autem iam consideratae rationes reddiderunt: quidquid summae naturae inest essentialiter, id perfecte convenire patri et filio et eorum spiritui singulatim; et tamen idipsum, si simul dicatur de tribus, non admittere pluralitatem.

Cum ergo constet quia, sicut pertinet ad eius essentiam scientia et intelligentia, sic eius scire et intelligere non est aliud quam dicere, id est, semper praesens intueri quod scit

durchschaut wurde (s. K. 59), ein jeder nicht weniger in den anderen als in sich selbst —, daß, wenn sie sich gegenseitig sprechen, derselbe, der gesprochen wird, ebenso sein Wort zu zeugen scheint, wie wenn er von sich selbst gesprochen wird. Wie also sollte der Sohn und sein und des Vaters Geist nichts zeugen, wenn ein jeder von ihnen sein Wort zeugt, sooft er von sich oder von einem anderen gesprochen wird? So viele Worte aber nachweislich aus der höchsten Substanz geboren werden können, ebenso viele Söhne muß sie nach der obigen Erwägung zeugen und ebenso viele Geister entsenden. Aus diesem Grunde also scheint es in ihr nicht nur viele Väter und Söhne und Hervorgehende zu geben, sondern auch andere Verwandtschaften.

## 63.

Oder sicherlich sind der Vater und der Sohn und ihr Geist, von denen es bereits ganz gewiß ist, daß sie wirklich existieren, nicht drei Sprechende, obwohl jeder einzelne ein Sprechender ist; noch sind es mehrere, die gesprochen werden, wenn ein jeder sich selbst und die andern zwei spricht. Wie nämlich der höchsten Weisheit Wissen und Erkennen innewohnt, so ist es gewißlich dem ewigen und unwandelbaren Wissen und Erkennen natürlich, immer das gegenwärtig zu schauen, was es weiß und erkennt. Nichts anderes aber ist für den höchsten Geist ein derartiges Sprechen, als gleichsam denkend schauen, wie das Sprechen unseres Geistes nichts anderes ist als eine Schau des Denkenden. Die schon erwogenen Gründe (s. K. 38 u. 57) aber haben es ganz gewiß gemacht, daß das, was immer der höchsten Natur wesenhaft innewohnt, dem Vater, dem Sohne und ihrem Geiste einzeln in vollkommener Weise zukommt, und dennoch eben das, wenn es von den dreien zugleich ausgesagt wird, eine Mehrheit nicht zuläßt.

Da also feststeht (s. K. 29), daß, wie zu ihrer Wesenheit das Wissen und die Erkenntnis gehören, so ihr Wissen und Erkennen nichts an-

et intelligit: necesse est ut, quemadmodum singulus pater et singulus filius et singulus eorum spiritus est sciens et intelligens, et tamen hi tres simul non sunt plures scientes aut intelligentes, sed unus sciens, unus intelligens: ita singulus quisque sit dicens, nec tamen omnes simul tres dicentes, sed unus dicens.

Hinc illud quoque liquide cognosci potest quia, cum hi tres dicuntur vel a seipsis vel ab invicem, non sunt plura quae dicuntur. Quid namque ibi dicitur, nisi eorum essentia? Si ergo illa una sola est, unum solum est quod dicitur. Ergo si unum est in illis quod dicit, et unum quod dicitur — una quippe sapientia est quae in illis dicit, et una substantia quae dicitur —, consequitur non ibi esse plura ver-<br>
*Op. omnia*<br>*p. 74* ba, sed unum. Licet igitur unusquisque | seipsum et omnes invicem se dicant, impossibile tamen est esse in summa essentia verbum aliud praeter illud, de quo iam constat quod sic nascitur ex eo, cuius est verbum, ut et vera eius dici possit imago et vere filius eius sit.

In quo mirum quiddam et inexplicabile video. Ecce enim, cum manifestum sit unumquemque, scilicet patrem et filium et patris filiique spiritum, pariter se et ambos alios dicere, et unum solum ibi esse verbum: nullatenus tamen ipsum verbum videtur posse dici verbum omnium trium, sed tantum unius eorum. Constat enim ipsum esse imaginem et filium eius, cuius est verbum; et patet quia nec imago nec filius suimet aut a se procedentis spiritus congrue dici potest. Nam nec ex seipso nec ex procedente a se nascitur, nec seipsum aut procedentem a se existendo imitatur. Seipsum quippe non imitatur nec a se trahit existendi similitudinem, quia imitatio et similitudo non est in uno solo, sed in pluribus. Illum vero non imitatur nec ad eius similitudinem existit, quia iste non habet ab illo esse, sed ille ab isto. Restat igitur hoc solum verbum illius solius esse, de

deres ist als ihr Sprechen, das heißt immer gegenwärtig schauen, was sie weiß und erkennt, so ist es notwendig, daß, wie der Vater für sich und der Sohn für sich und ihr Geist für sich wissend und erkennend ist, und dennoch diese drei zugleich nicht mehrere Wissende und Erkennende sind, sondern *ein* Wissender, *ein* Erkennender: so jeder einzelne sprechend ist, und dennoch alle zugleich nicht drei Sprechende, sondern *ein* Sprechender.

Von hier aus kann auch das klar erkannt werden, daß, wenn diese drei gesprochen werden, sei es von sich selbst oder voneinander, nicht mehrere sind, die gesprochen werden. Denn was wird dort gesprochen, wenn nicht ihre Wesenheit? Weil also diese nur *eine* ist, ist nur *eines*, was gesprochen wird. Wenn demnach bei jenen *eines* ist, das spricht, und *eines*, das gesprochen wird — denn *eine* Weisheit ist es, die in ihnen spricht, und *eine* Substanz, die gesprochen wird —, so folgt, daß es dort nicht mehrere Worte gibt, sondern *eines*. Obwohl also ein jeder sich selbst und alle einander sich sprechen, ist es dennoch unmöglich, daß es in der höchsten Wesenheit ein anderes Wort gibt außer jenem, von dem bereits feststeht, daß es so aus dem, dessen Wort es ist, geboren wird, daß es sowohl sein wahres Bild genannt werden kann, als auch wahrhaft sein Sohn ist.

Hierin sehe ich etwas Wunderbares und Unerklärliches. Denn siehe, obwohl es offensichtlich ist, daß ein jeder, nämlich der Vater und der Sohn und des Vaters und des Sohnes Geist, in gleicher Weise sich und die beiden anderen spricht und es dort nur *ein* Wort gibt, so scheint dieses Wort dennoch keineswegs das Wort aller drei genannt werden zu können, sondern nur *eines* von ihnen. Denn es steht fest (*s. K. 33*), daß es das Bild und der Sohn dessen ist, dessen Wort es ist, und es ist offenkundig, daß es angemessenerweise nicht das Bild und der Sohn seiner selbst oder des von ihm ausgehenden Geistes genannt werden kann. Denn weder aus sich selbst noch aus dem von ihm Hervorgehenden wird es geboren, noch bildet es sich selbst oder den von ihm Hervorgehenden durch sein Sein nach. Sich selbst nämlich bildet es nicht nach, noch zieht es von sich die Ähnlichkeit im Sein nach sich, weil Abbild

quo nascendo habet esse et ad cuius omnimodam similitudinem existit.

Unus ergo pater, non plures patres, unus filius, non plures filii, unus procedens spiritus, non plures procedentes spiritus sunt in summa essentia. Qui cum ita tres sint, ut numquam pater sit filius aut procedens spiritus, nec filius aliquando sit pater aut spiritus procedens, nec umquam spiritus patris et filii sit pater aut filius; et singulus quisque sic sit perfectus, ut nullo indigeat: id tamen quod sunt, sic est unum, ut, sicut de singulis pluraliter dici non potest, ita nec de tribus simul. Et cum pariter unusquisque seipsum et omnes invicem se dicant: non tamen sunt ibi plura verba, sed unum; et ipsum non singulorum aut omnium simul, sed unius tantum.

## 64.

Videtur mihi huius tam sublimis rei secretum transcendere omnem intellectus aciem humani, et idcirco conatum

Op. omnia
p. 75

explicandi, qualiter hoc sit, | continendum puto. Sufficere namque debere existimo rem incomprehensibilem indaganti, si ad hoc ratiocinando pervenerit, ut eam certissime esse cognoscat, etiamsi penetrare nequeat intellectu, quomodo ita sit; nec idcirco minus iis adhibendam fidei certitudinem, quae probationibus necessariis nulla alia repugnante ratione asserunter, si suae naturalis altitudinis incomprehensibilitate explicari non patiantur.

und Ähnlichkeit nicht in *einem* allein, sondern in mehreren sind. Jenen (= den Geist) aber bildet es nicht ab, noch existiert es nach dessen Ähnlichkeit, weil er (= der Sohn) nicht von jenem das Sein hat, sondern jener von ihm. Es bleibt somit übrig, daß dieses einzige Wort dessen allein ist, von dem es durch Geborenwerden das Sein hat und nach dessen genauer Ähnlichkeit es existiert.

*Ein* Vater also, nicht mehrere Väter, *ein* Sohn, nicht mehrere Söhne, *ein* hervorgehender Geist, nicht mehrere hervorgehende Geister sind in der höchsten Wesenheit. Obgleich diese solcherweise drei sind, daß niemals der Vater der Sohn ist oder der hervorgehende Geist, noch der Sohn jemals der Vater ist oder der hervorgehende Geist, noch jemals der Geist des Vater und des Sohnes der Vater oder der Sohn ist, und jeder einzelne so vollkommen ist, daß er niemandes bedarf, so ist dennoch das, was sie sind, so sehr *eines,* daß es, wie es von den einzelnen nicht in der Mehrzahl ausgesagt werden kann, so auch nicht von den dreien zugleich. Und obwohl in gleicher Weise ein jeder sich selbst und alle einander sich sprechen, sind dort nicht mehrere Worte, sondern *eines,* und dies (ist) nicht (das Wort) der einzelnen oder aller zugleich, sondern nur eines einzigen.

## 64.

Mir scheint das Geheimnis einer solch erhabenen Sache allen Scharfsinn des menschlichen Verstandes zu übersteigen, und deshalb glaube ich, daß man sich des Versuches, zu erklären, wie das sei, enthalten soll. Denn ich meine, es müsse für den, der eine unbegreifliche Sache erforscht, genügen, wenn er durch schlußfolgerndes Denken dazu gelangt, zu erkennen, daß sie ganz sicher existiert, auch wenn er mit dem Verstande nicht zu durchdringen vermag, auf welche Weise sie so ist; und man dürfe jenen Dingen nicht deshalb weniger Glaubensgewißheit schenken, die durch zwingende Beweise, ohne daß ein anderer Vernunftgrund dagegen spricht, behauptet werden, wenn sie sich ob

Quid autem tam incomprehensibile, tam ineffabile, quam id quod super omnia est? Quapropter si ea quae de summa essentia hactenus disputata sunt, necessariis sunt rationibus asserta: quamvis sic intellectu penetrari non possint, ut et verbis valeant explicari, nullatenus tamen certitudinis eorum nutat soliditas. Nam si superior consideratio rationabiliter comprehendit incomprehensibile esse, quomodo eadem summa sapientia sciat ea quae fecit, de quibus tam multa nos scire necesse est: quis explicet quomodo sciat aut dicat seipsam, de qua aut nihil aut vix aliquid ab homine sciri possibile est? Ergo si in eo quod seipsam dicit, generat pater et generatur filius: *generationem eius quis enarrabit?*

Is 53, 8

## 65.

Sed rursum, si ita se ratio ineffabilitatis illius habet, immo quia sic est: quomodo stabit quidquid de illa secundum patris et filii et procedentis habitudinem disputatum est? Nam si vera illud ratione explicitum est: qualiter est illa ineffabilis? Aut si ineffabilis est: quomodo est ita, sicut est disputatum? An quodamtenus de illa potuit explicari, et ideo nihil prohibet esse verum quod disputatum est; sed quia penitus non | potuit comprehendi: idcirco est ineffabilis?

Op. omnia
p. 76

Sed ad illud quid responderi poterit, quod iam supra in hac ipsa disputatione constitit: quia sic est summa essentia supra et extra omnem aliam naturam, ut, si quando de illa dicitur aliquid verbis, quae communia sunt aliis natu-

der Unbegreiflichkeit ihrer natürlichen Erhabenheit nicht erklären lassen.

Was aber ist so unbegreiflich, so unaussprechlich wie das, was über allem ist? Wenn deshalb das, was bis jetzt über die höchste Wesenheit erörtert wurde, auf nötigende Verunftgründe hin behauptet wurde, so wankt — wenn es auch mit dem Verstande nicht so durchdrungen werden kann, daß es sich auch mit Worten erklären läßt — dennoch keineswegs die Festigkeit seiner Gewißheit. Denn wenn die obige Überlegung (s. K. 36) vernünftigerweise begreift, daß es unbegreiflich ist, wie diese höchste Weisheit das weiß, was sie gemacht hat — worüber wir so viel wissen müssen —: wer vermöchte zu erklären, wie sie sich selbst weiß oder spricht, über die vom Menschen entweder nichts oder kaum etwas gewußt werden kann? Wenn also darin, daß sie sich selbst spricht, der Vater zeugt und der Sohn gezeugt wird: „wer wird seine Zeugung beschreiben?"

## 65.

Doch hinwiederum, wenn es sich so mit der Art ihrer Unaussprechlichkeit verhält, ja weil es so ist: wie wird (dann) all das bestehen, was über sie hinsichtlich des Verhältnisses von Vater und Sohn und Hervorgehendem erörtert wurde? Denn wenn das durch wahre Vernunftgründe dargelegt wurde: wie ist sie (dann) unaussprechlich? Oder wenn sie unaussprechlich ist: wie ist es (dann) so, wie es erörtert wurde? Oder konnte man sich vielleicht über sie bis zu einem gewissen Grade auseinandersetzen, und hindert deshalb nicht, daß wahr ist, was erörtert wurde, sondern ist sie darum, weil sie nicht vollständig begriffen werden konnte, unaussprechlich?

Aber was wird man auf das antworten können, was schon oben in dieser Erörterung feststand (s. K. 26): daß die höchste Wesenheit so über und außer jeder anderen Natur steht, daß, wenn manchmal etwas

ris, sensus nullatenus sit communis? Quem enim sensum in omnibus iis verbis quae cogitavi intellexi, nisi communem et usitatum? Si ergo usitatus sensus verborum alienus est ab illa: quidquid ratiocinatus sum, non pertinet ad illam. Quomodo igitur verum est inventum esse aliquid de summa essentia, si quod est inventum, longe diversum est ab illa?

Quid ergo? An quodam modo inventum est aliquid de incomprehensibili re, et quodam modo nihil perspectum est de ea? Saepe namque multa dicimus quae proprie, sicut sunt, non exprimimus, sed per aliud significamus id quod proprie aut nolumus aut non possumus depromere; ut cum per aenigmata loquimur. Et saepe videmus aliquid non proprie, quemadmodum res ipsa est, sed per aliquam similitudinem aut imaginem; ut cum vultum alicuius consideramus in speculo. Sic quippe unam eandemque rem dicimus et non dicimus, videmus et non videmus. Dicimus et videmus per aliud, non dicimus et non videmus per suam proprietatem.

Hac itaque ratione nihil prohibet et verum esse quod disputatum est hactenus de summa natura, et ipsam tamen nihilominus ineffabilem persistere: si nequaquam illa putetur per essentiae suae proprietatem expressa, sed utcumque per aliud designata. Nam quaecumque nomina de illa natura dici posse videntur: non tam mihi eam ostendunt per proprietatem, quam per aliquam innuunt similitudinem. Etenim cum earundem vocum significationes cogito, familiarius concipio mente, quod in rebus factis conspicio, quam id quod omnem humanum intellectum transcendere intelligo. Nam valde minus aliquid, immo longe aliud in mente mea sua significatione constituunt, quam sit illud, ad quod intelligendum per hanc tenuem significationem mens ipsa mea conatur proficere. Nam nec nomen sapientiae mihi

von ihr mit Worten ausgesagt wird, die für die anderen Naturen gewöhnlich sind, der Sinn keineswegs der gewöhnliche ist? Denn welchen Sinn habe ich bei all diesen Worten, die ich gedacht, verstanden, wenn nicht den gewöhnlichen und gebräuchlichen? Wenn also der gebräuchliche Sinn der Worte ihr fremd ist, so betrifft alles, was ich erschlossen habe, nicht sie. Wie ist also wahr, daß über die höchste Wesenheit etwas gefunden wurde, wenn das, was gefunden wurde, weit verschieden von ihr ist?

Was nun? Ist vielleicht in gewisser Weise etwas über die unbegreifliche Sache gefunden worden und in gewisser Weise nichts von ihr durchschaut worden? Denn oft sagen wir vieles, was wir im eigentlichen Sinne, wie es ist, nicht ausdrücken, sondern durch anderes das bezeichnen, was wir im eigentlichen Sinne entweder nicht mitteilen wollen oder nicht können; so wenn wir durch Rätsel sprechen. Und oft sehen wir etwas nicht wirklich, wie das Ding selbst ist, sondern durch eine Ähnlichkeit oder ein Bild; so wenn wir das Antlitz eines anderen im Spiegel betrachten. So nämlich sprechen wir und sprechen nicht, sehen und sehen nicht ein- und dasselbe Ding. Wir sprechen und sehen es durch anderes und sprechen und sehen es nicht durch seine Eigentümlichkeit.

Aus diesem Grunde also hindert nichts, daß einerseits wahr ist, was bisher über die höchste Natur erörtert wurde, anderseits sie nichtsdestoweniger unaussprechlich bleibt, wenn man erachtet, daß sie keineswegs durch die Eigentümlichkeit ihres Wesens ausgedrückt, sondern, so gut es eben ging, durch ein anderes bezeichnet wurde. Denn welche Namen immer, wie es scheint, von dieser Natur ausgesagt werden können: sie zeigen sie mir nicht so sehr durch ihre Eigentümlichkeit, als sie sie durch eine Ähnlichkeit andeuten. Wenn ich nämlich an die Bedeutungen derselben Wörter denke, so erfasse ich im Geiste näherliegend das, was ich in den geschaffenen Dingen erblicke, als das, von dem ich erkenne, daß es jeden menschlichen Verstand übersteigt. Denn etwas viel Geringeres, ja etwas weit anderes richten sie in meinem Geiste durch ihre Bedeutung auf, als das ist, zu dessen Erkenntnis die-

sufficit ostendere illud, per quod omnia facta sunt de nihilo et servantur a nihilo; nec nomen essentiae mihi valet
exprimere illud, quod per singularem altitudinem longe est

*Op. omnia*
*p. 77*
1 Io 3, 2
1 Co 13, 12

supra omnia et per naturalem pro|prietatem valde est extra
omnia. Sic igitur illa natura et ineffabilis est, quia per verba, *sicuti est,* nullatenus valet intimari; et falsum non est,
si quid de illa ratione docente per aliud velut *in aenigmate*
potest aestimari.

### 66.

Cum igitur pateat quia nihil de hac natura possit percipi
per suam proprietatem, sed per aliud: certum est quia per
illud magis ad eius cognitionem acceditur, quod illi magis
per similitudinem propinquat. Quidquid enim inter creata
constat illi esse similius, id necesse est esse natura praestantius. Quapropter id et per maiorem similitudinem plus iuvat
mentem indagantem summae veritati propinquare, et per
excellentiorem creatam essentiam plus docet, quid de crean-
te mens ipsa debeat aestimare. Procul dubio itaque tanto
altius creatrix essentia cognoscitur, quanto per propinquio-
rem sibi creaturam indagatur. Nam quod omnis essentia,
in quantum est, in tantum sit summae similis essentiae,
ratio iam supra considerata dubitare non permittit.
Patet itaque quia, sicut sola est mens rationalis inter
omnes creaturas, quae ad eius investigationem assurgere
valeat, ita nihilominus eadem sola est, per quam maxime
ipsamet ad eiusdem inventionem proficere queat. Nam
iam cognitum est quia haec illi maxime per naturalis essen-

ser mein Geist mittels dieser dürftigen Bezeichnung voranzuschreiten sucht. Denn weder genügt mir der Name „Weisheit", um das zu zeigen, durch das alles aus dem Nichts gemacht wurde und vor dem Nichts bewahrt wird, noch vermag mir der Name „Wesenheit" das auszudrücken, was durch einzigartige Höhe weit über allem ist und durch natürliche Eigentümlichkeit sehr außer allem steht. So ist denn diese Natur sowohl unaussprechlich, weil sie durch Worte, „wie sie ist", keineswegs beschrieben zu werden vermag, als es auch nicht falsch ist, wenn unter Anleitung der Vernunft von ihr etwas durch ein anderes „wie im Rätsel" erahnt werden kann.

## 66.

Da es also offenbar ist, daß von dieser Natur nichts durch ihre Eigentümlichkeit, sondern durch etwas anderes erfaßt werden kann, ist es gewiß, daß man durch das mehr an ihre Erkenntnis herankommt, was sich ihr durch Ähnlichkeit nähert. Denn von welchem unter den Geschöpfen immer es feststeht, daß es ihr ähnlicher ist, von dem ist es (auch) notwendig, daß es von Natur vorzüglicher ist. Deshalb hilft dieses dem forschenden Geiste sowohl durch die größere Ähnlichkeit der höchsten Wahrheit nahezukommen, als es auch durch die hervorrangendere geschaffene Wesenheit mehr lehrt, was dieser Geist von der schaffenden halten muß. Ohne Zweifel also wird die schaffende Wesenheit umso tiefer erkannt, je näher ihr das Geschöpf steht, durch das sie erforscht wird. Denn daran zu zweifeln, daß jede Wesenheit insoweit der höchsten Wesenheit ähnlich ist, als sie *ist*, erlaubt der bereits oben erwogene Vernunftgrund (*s. K. 31*) nicht.

Es ist also offenbar, daß, wie allein der vernünftige Geist es unter allen Geschöpfen ist, der zu ihrer Erforschung aufzusteigen vermag, so desungeachtet er allein es ist, durch den er selbst am meisten zu ihrer Auffindung voranschreiten kann. Denn es wurde schon erkannt

tiae propinquat similitudinem. Quid igitur apertius, quam quia mens rationalis, quanto studiosius ad se discendum intendit, tanto efficacius ad illius cognitionem ascendit; et quanto seipsam intueri negligit, tanto ab eius speculatione descendit?

### 67.

1 Co 13, 12
*Op. omnia*
*p. 78*

Aptissime igitur ipsa sibimet esse velut *speculum* dici potest, in quo speculetur, ut ita dicam, imaginem eius, quam *facie ad faciem* videre | nequit. Nam si mens ipsa sola ex omnibus quae facta sunt, sui memor et intelligens et amans esse potest: non video cur negetur esse in illa vera imago illius essentiae, quae per sui memoriam et intelligentiam et amorem in trinitate ineffabili consistit. Aut certe inde verius esse illius se probat imaginem, quia illius potest esse memor, illam intelligere et amare. In quo enim maior est et illi similior, in eo verior illius esse imago cognoscitur. Omnino autem cogitari non potest rationali creaturae naturaliter esse datum aliquid tam praecipuum tamque simile summae sapientiae, quam hoc quia potest reminisci et intelligere et amare id, quod optimum et maximum est omnium. Nihil igitur aliud est inditum alicui creaturae, quod sic praeferat imaginem creatoris.

(*in K. 31*), daß dieser ihr am meisten durch die Ähnlichkeit der natürlichen Wesenheit nahekommt. Was also ist offenkundiger, als daß der vernünftige Geist umso wirksamer zu ihrer Erkenntnis aufsteigt, je eifriger er sich anstrengt, sich kennenzulernen, und umso mehr von ihrer Schau herabsinkt, je mehr er es vernachlässigt, sich selbst anzuschauen?

## 67.

Sehr passend kann also gesagt werden, daß er sich selbst wie „ein Spiegel" ist, in dem er sozusagen das Abbild jener schaut, die er „von Angesicht zu Angesicht" nicht sehen kann. Denn wenn dieser Geist allein aus allem, was geschaffen wurde, sich seiner bewußt und erkennend und liebend sein kann, sehe ich nicht, warum verneint werden soll, daß in ihm das wahre Abbild jener Wesenheit ist, die durch Bewußtsein ihrer selbst und Erkenntnis und Liebe in einer unaussprechlichen Dreifaltigkeit besteht. Oder sicherlich beweist er dadurch wahrer, ihr Abbild zu sein, als er sich ihrer bewußt werden, sie erkennen und lieben kann. Denn worin er größer und ihr ähnlicher ist, darin wird er als ihr wahreres Abbild erkannt. Es kann aber durchaus nicht gedacht werden, daß dem vernünftigen Geschöpfe von Natur aus etwas so Vorzügliches und der höchsten Weisheit so Ähnliches gegeben wurde wie dies, daß es dessen gedenken und das erkennen und lieben kann, was das Beste und Größte von allem ist. Nichts anderes also ist in ein Geschöpf hineingelegt worden, das so das Abbild des Schöpfers zur Schau trägt.

## 68.

Consequi itaque videtur quia rationalis creatura nihil tantum debet studere, quam hanc imaginem sibi per naturalem potentiam impressam per voluntarium effectum exprimere. Etenim praeter hoc quia creanti se debet hoc ipsum quod est: hinc quoque quia nil tam praecipuum posse quam reminisci et intelligere et amare summum bonum cognoscitur, nimirum nihil tam praecipue debere velle convincitur. Quis enim neget quaecumque meliora sunt in potestate, ea magis esse debere in voluntate? Denique rationali naturae non est aliud esse rationalem, quam posse discernere iustum a non iusto, verum a non vero, bonum a non bono, magis bonum a minus bono. Hoc autem posse omnino inutile illi est et supervacuum, nisi quod discernit amet aut reprobet secundum verae discretionis iudicium. Hinc itaque satis patenter videtur omne rationale ad hoc existere, ut, sicut ratione discretionis aliquid magis vel minus bonum | sive non bonum iudicat, ita magis vel minus id amet aut respuat. Nihil igitur apertius quam rationalem creaturam ad hoc esse factam, ut summam essentiam amet super omnia bona, sicut ipsa est summum bonum; immo ut nihil amet nisi illam aut propter illam, quia illa est bona per se, et nihil aliud est bonum nisi per illam. Amare autem eam nequit, nisi eius reminisci et eam studuerit intelligere. Clarum ergo est rationalem creaturam totum suum posse et velle ad memorandum et intelligendum et amandum summum bonum impendere debere, ad quod ipsum esse suum se cognoscit habere.

*Op. omnia*
*p. 79*

## 68.

Es scheint demnach zu folgen, daß das vernünftige Geschöpf nichts so sehr erstreben muß, als dieses ihm durch das natürliche Vermögen eingeprägte Bild durch willentliches Wirken auszuprägen. Denn davon abgesehen, daß es ihr, die es schuf, das, was es ist, schuldet, wird ihm von daher, daß es, wie erkannt, nichts so Vorzügliches als des höchsten Gutes sich zu erinnern und es zu erkennen und zu lieben vermag, dargetan, daß es ohne Zweifel nichts so vorzugsweise wollen darf. Denn wer könnte leugnen, daß all das, was besser ist im Vermögen, mehr sein muß im Willen? Schließlich bedeutet der vernünftigen Natur vernünftig sein nichts anderes, als das Gerechte vom Nicht-Gerechten, das Wahre vom Nicht-Wahren, das Gute vom Nicht-Guten, das Bessere vom weniger Guten unterscheiden zu können. Dies ist aber für sie völlig unnütz und überflüssig, wenn sie das, was sie unterscheidet, nicht liebte oder verwürfe, je nach dem Urteil wahrer Unterscheidung. Daher also erscheint es klar genug, daß alles Vernünftige dazu existiert, um, wie es durch die unterscheidende Vernunft etwas als mehr oder weniger gut oder als nicht gut beurteilt, so dies mehr oder weniger zu lieben oder zu verschmähen. Nichts ist mithin offenkundiger, als daß das vernünftige Geschöpf dazu geschaffen wurde, daß es die höchste Wesenheit über alle Güter liebe, sowie sie ja das höchste Gut ist; ja daß es nichts liebt als sie oder um ihretwillen, weil sie gut durch sich ist und nichts anderes gut ist außer durch sie. Sie lieben aber kann es nicht, wenn es sich nicht bemüht, sich ihrer zu erinnern und sie zu erkennen. Es ist also klar, daß das vernünftige Geschöpf sein ganzes Können und Wollen aufwenden muß, um des höchsten Gutes sich bewußt zu sein und es zu erkennen und zu lieben, zu welchem Zwecke es gerade, wie es weiß, sein Dasein hat.

## 69.

Dubium autem non est humanam animam esse rationalem creaturam. Ergo necesse est eam esse factam ad hoc, ut amet summam essentiam. Necesse est igitur eam esse factam aut ad hoc, ut sine fine amet, aut ad hoc, ut aliquando vel sponte vel violenter hunc amorem amittat. Sed nefas est aestimare summam sapientiam ad hoc eam fecisse, ut aliquando tantum bonum aut contemnat, aut volens tenere aliqua violentia perdat. Restat igitur eam esse factam ad hoc, ut sine fine amet summam essentiam.

At hoc facere non potest, nisi semper vivat. Sic igitur est facta ut semper vivat, si semper velit facere ad quod facta est. Deinde inconveniens nimis est summe bono summeque sapienti et omnipotenti creatori, ut quod fecit esse ad se amandum, id faciat non esse, quamdiu vere amaverit; et quod sponte dedit non amanti ut semper amaret, id auferat vel auferri permittat amanti, ut ex necessitate non amet; praesertim cum dubitari nullatenus debeat, quod ipse omnem naturam se vere amantem amet. Quare manifestum est humanae animae numquam auferri suam vitam, si semper studeat amare summam vitam.

Qualiter ergo vivet? Quid enim magnum est longa vita, nisi sit a molestiarum incursione vere secura? Quisquis enim, dum vivit, aut timendo | aut patiendo molestiis subiacet aut falsa securitate fallitur: quid nisi misere vivit? Si quis autem ab iis liber vivit, beate vivit. Sed absurdissimum est ut aliqua natura semper amando illum, qui est summe bonus et omnipotens, semper misere vivat. Liquet igitur humanam animam huiusmodi esse ut, si servet id ad quod est, aliquando vere secura ab ipsa morte et omni alia molestia beate vivat.

*Op. omnia*
*p. 80*

## 69.

Es ist aber nicht zweifelhaft, daß die menschliche Seele ein vernünftiges Geschöpf ist. Deshalb ist es notwendig, daß sie dazu geschaffen wurde, daß sie die höchste Wesenheit liebe. Es ist mithin notwendig, daß sie entweder dazu geschaffen wurde, ohne Ende zu lieben, oder dazu, diese Liebe einmal, sei es aus freien Stücken, sei es gewaltsam, zu verlieren. Aber es ist frevelhaft zu glauben, die höchste Weisheit habe sie dazu geschaffen, daß sie einmal ein so großes Gut entweder verachte oder, während sie es festhalten will, durch irgendeine Gewaltsamkeit verliere. Es bleibt somit nur übrig, daß sie dazu geschaffen wurde, daß sie die höchste Wesenheit ohne Ende liebe.

Das kann sie aber nicht tun, wenn sie nicht immer lebt. Sie wurde also so geschaffen, daß sie immer lebe, wenn sie immer tun will, wozu sie geschaffen wurde. Sodann ist es dem höchst guten und höchst weisen und allmächtigen Schöpfer allzu unangemessen, das, was er ins Sein versetzte, um ihn zu lieben, ins Nichtsein zu versetzen, solange es wirklich liebt; und das, was er einem nicht Liebenden aus freien Stücken gab, um immer zu lieben, einem Liebenden wegzunehmen oder zuzulassen, daß es ihm genommen werde, so daß es aus Notwendigkeit nicht liebte; zumal da in keiner Weise gezweifelt werden darf, daß er jede Natur liebt, die ihn wahrhaft liebt. Daher ist es offensichtlich, daß der menschlichen Seele niemals ihr Leben genommen wird, wofern sie immer bestrebt ist, das höchste Leben zu lieben.

Auf welche Weise wird sie also leben? Denn was ist es Großes um ein langes Leben, wenn es nicht wahrhaft sicher ist vor dem Überfall von Widerwärtigkeiten? Denn wer immer, solange er lebt, entweder durch Furcht oder Leiden Widerwärtigkeiten unterworfen ist oder durch falsche Sicherheit getäuscht wird: wie lebt er, wenn nicht elend? Wer aber frei von dem lebt, lebt glückselig. Es ist aber ganz widersinnig, daß eine Natur, die den, der höchst gut und allmächtig ist, immer liebt, immer elend lebe. Es ist also die menschliche Seele offensichtlich solcher Art, daß sie, wofern sie das bewahrt, wozu sie da ist, einmal

## 70.

Denique nullatenus verum videri potest, ut iustissimus et potentissimus nihil retribuat amanti se perseveranter, cui non amanti tribuit essentiam, ut amans esse posset. Si enim nihil retribuit amanti, non discernit iustissimus inter amantem et contemnentem id quod summe amari debet; nec amat amantem se; aut non prodest ab illo amari. Quae omnia ab illo dissonant. Retribuit igitur omni se amare perseveranti.

Quid autem retribuit? Si nihilo dedit rationalem essentiam, ut amans esset: quid dabit amanti, si amare non cesset? Si tam grande est quod amori famulatur: quam grande est quod amori recompensatur? Et si tale est amoris fulcimentum: quale est amoris emolumentum? Nam si rationalis creatura, quae sibi inutilis est sine hoc amore, sic eminet in omnibus creaturis: utique nihil potest esse praemium huius amoris, nisi quod supereminet in omnibus naturis. Etenim idem ipsum bonum quod sic se amari exigit, non minus se ab amante desiderari cogit. Nam quis sic amet iustitiam, veritatem, beatitudinem, incorruptibilitatem, ut iis frui non appetat? Quid ergo summa bonitas retribuet amanti et desideranti se, nisi seipsam? Nam quidquid aliud tribuat, non retribuit, quia nec compensatur amori nec consolatur amantem nec satiat desiderantem. Aut si se vult amari et desiderari, ut aliud retribuat: non se vult amari et desiderari propter se, sed propter aliud, et sic non se vult amari, sed aliud; quod cogitare nefas est.

wahrhaft sicher vor dem Tode selbst und aller anderen Unbill glückselig lebt.

## 70.

Schließlich kann es keineswegs als wahr angesehen werden, daß der
Gerechteste und Mächtigste dem, der ihn beharrlich liebt, nichts ver-
gälte, dem er, da er nicht liebte, eine Wesenheit gab, um liebend sein
zu können. Wenn er nämlich dem Liebenden nichts vergilt, macht der
Gerechteste keinen Unterschied zwischen dem, der das, was zuhöchst
geliebt werden muß, liebt, und dem, der es verachtet; noch liebt er den
ihn Liebenden; oder es bringt keinen Nutzen, von ihm geliebt zu werden. Das alles steht zu ihm in Widerspruch. Also vergilt er jedem, der
ihn beharrlich liebt.

Womit aber vergilt er? Wenn er einem Nichts die vernünftige Wesenheit gegeben hat, damit sie liebend sei: was wird er dem Liebenden
geben, wenn er zu lieben nicht aufhört? Wenn so groß ist, was der
Liebe dient: wie groß ist, was der Liebe vergolten wird? Und wenn
solcherart die Stütze der Liebe ist: welcher Art ist der Gewinn der
Liebe? Wenn nämlich das vernünftige Geschöpf, das ohne diese Liebe
sich unnütz ist, unter allen Geschöpfen so hervorragt, dann kann freilich der Lohn für diese Liebe nichts sein, außer was alle Naturen weit
überragt. Denn eben dieses selbe Gut, das so geliebt zu werden fordert, zwingt nicht minder, vom Liebenden ersehnt zu werden. Denn
wer wollte die Gerechtigkeit, Wahrheit, Seligkeit, Unzerstörbarkeit
so lieben, daß er sie nicht zu genießen begehrte? Was also wird die
höchste Güte dem sie Liebenden und Ersehnenden schenken, wenn nicht
sich selbst? Denn was immer anderes sie geben mag, das ist keine Ver-
geltung, weil es weder die Liebe aufwiegt noch den Liebenden tröstet
noch den sich Sehnenden sättigt. Oder wenn sie geliebt und ersehnt
werden will, um mit anderem zu vergelten, will sie nicht geliebt und

Nihil ergo verius, quam quod omnis anima rationalis, si, quemadmodum debet, studeat amando desiderare summam beatitudinem, aliquando illam ad fruendum percipiat. Ut quod *nunc* videt | quasi *per speculum et in aenigmate, tunc* videat *facie ad faciem.* Utrum autem ea sine fine fruatur, dubitare stultissimum est, quoniam illa fruens nec timore torqueri poterit, nec fallaci securitate decipi, nec eius indigentiam iam experta illam poterit non amare; nec illa deseret amantem se; nec aliquid erit potentius quod eas separet invitas. Quare quaecumque anima summa beatitudine semel frui coeperit, aeterne beata erit.

*Op. omnia*
*p. 81*
1 Co 13, 12

### 71.

Hinc utique consequenter colligitur quod illa, quae summi boni amorem contemnit, aeternam miseriam incurrat. Nam si dicitur quod pro tali contemptu sic iustius puniatur, ut ipsum esse vel vitam perdat, quia se non utitur ad id ad quod facta est: nullatenus hoc admittit ratio, ut post tantam culpam pro poena recipiat esse, quod erat ante omnem culpam. Quippe antequam esset, nec culpam habere nec poenam sentire poterat. Si ergo anima contemnens id ad quod facta est, sic moritur, ut nihil sentiat aut ut omnino nihil sit: similiter se habebit et in maxima culpa et sine omni culpa, nec discernet summe sapiens iustitia inter id quod nullum bonum potest et nullum malum vult, et id quod maximum bonum potest et maximum malum vult. At hoc satis patet, quam inconveniens sit. Nihil igitur videri

ersehnt werden um ihretwillen, sondern um des anderen willen; und so will sie nicht, daß *sie* geliebt werde, sondern das andere; was zu denken ein Frevel ist.

Nichts ist also wahrer, als daß jede vernünftige Seele, wenn sie, wie sie soll, sich bemüht, liebend die höchste Seligkeit zu ersehnen, diese einmal zum Genusse empfängt. Auf daß sie, was sie „jetzt" wie „im Spiegel und im Rätsel" sieht, „dann von Angesicht zu Angesicht" schaue. Zu zweifeln aber, ob sie diese ohne Ende genießt, ist äußerst töricht, weil sie in ihrem Genusse unmöglich durch Furcht gequält noch durch falsche Sicherheit getäuscht werden wird; noch diese, nachdem sie ihren Mangel schon erfahren hat, nicht nicht lieben können wird; noch diese die sie Liebende im Stiche lassen wird; noch es etwas Mächtigeres geben wird, was sie gegen ihren Willen trennte. Deshalb wird jedwede Seele, die einmal begonnen hat, die höchste Seligkeit zu genießen, auf ewig selig sein.

## 71.

Hieraus wird allerdings folgerichtig geschlossen, daß jene, die die Liebe des höchsten Gutes verachtet, der ewigen Unseligkeit verfällt. Wenn man nämlich sagt, sie würde für eine solche Verachtung gerechter auf solche Weise bestraft, daß sie das Sein selbst oder das Leben verliert, weil sie sich nicht zu dem gebraucht, wozu sie geschaffen ist, so gibt die Vernunft keineswegs das zu, daß sie nach so großer Schuld zur Strafe das Sein zurückerhält, das sie vor jeder Schuld war. Denn bevor sie existierte, konnte sie weder Schuld haben noch Strafe fühlen. Wenn also die Seele, die das verachtet, wozu sie geschaffen wurde, so stirbt, daß sie nichts fühlt oder überhaupt nichts ist, wird sie sich sowohl in größter Schuld wie ohne jede Schuld in ähnlicher Lage befinden, und die höchst weise Gerechtigkeit wird keinen Unterschied machen zwischen dem, was nichts Gutes kann und nichts Böses will, und dem, was das größte Gute kann und das größte Böse will. Es ist

potest consequentius et nihil credi debet certius, quam hominis animam sic esse factam, ut, si contemnat amare sum-

*Op. omnia*
*p. 82*

mam essen|tiam, aeternam patiatur miseriam. Ut, sicut
amans aeterno gaudebit praemio, ita contemnens aeterna
poena doleat. Et sicut illa sentiet immutabilem sufficien-
tiam, ita ista sentiat inconsolabilem indigentiam.

## 72.

Sed nec amantem animam necesse est aeterne beatam
esse nec contemnentem miseram, si sit mortalis. Sive igitur
amet sive contemnat id ad quod amandum creata est: necesse est eam immortalem esse. Si autem aliquae sunt animae rationales, quae nec amantes nec contemnentes iudicandae sint — sicut videntur esse animae infantum —:
quid de iis sentiendum est? Sunt mortales an immortales?
Sed procul dubio omnes humanae animae eiusdem naturae
sunt. Quare, quoniam constat quasdam esse immortales, necesse est omnem humanam animam esse immortalem.

## 73.

Verum cum omne quod vivit, aut numquam aut aliquando sit vere securum ab omni molestia, nihilominus est necesse omnem humanam animam aut semper miseram esse
aut aliquando vere beatam.

jedoch klar genug, wie ungereimt das ist. Nichts also kann als folgerichtiger erscheinen und nichts muß als sicherer geglaubt werden, als daß die Seele des Menschen so geschaffen wurde, daß sie, wenn sie die höchste Wesenheit zu lieben mißachtet, ewige Unseligkeit erleidet. Auf daß, wie die liebende sich ewigen Lohnes erfreuen wird, so die verachtende durch ewige Strafe Schmerz erduldet. Und wie jene unwandelbares Genügen empfinden wird, so diese untröstliche Not verspürt.

## 72.

Aber weder die liebende Seele ist notwendig ewig glückselig noch die verachtende unselig, wenn sie sterblich sein sollte. Sei es also, daß sie liebt, sei es, daß sie das verachtet, was zu lieben sie geschaffen ist: es ist notwendig, daß sie unsterblich ist. Wenn es aber einige vernünftige Seelen gibt, die weder als liebende noch als verachtende zu beurteilen sind — wie es die Seelen der Kinder zu sein scheinen —: was ist von diesen zu halten? Sind sie sterblich oder unsterblich? Aber ohne Zweifel haben alle menschlichen Seelen dieselbe Natur. Es ist daher, weil feststeht, daß einige unsterblich sind, notwendig, daß jede menschliche Seele unsterblich ist.

## 73.

Obwohl aber alles, was lebt, entweder nie oder einmal vor aller Unbill wahrhaft sicher ist, so ist es desungeachtet notwendig, daß jede menschliche Seele entweder immer unselig oder einmal wahrhaft glückselig ist.

## 74.

*Op. omnia*
*p. 83*

Quae vero animae incunctanter iudicandae sint sic
amantes id, ad quod amandum factae sunt, ut illo quando-
que frui, quae autem sic con|temnentes, ut illo semper in-
digere mereantur, aut qualiter quove merito illae, quae nec
amantes nec contemnentes dici posse videntur, ad beatitudinem aeternam miseriamve distribuantur: aliquem mor-
talium disputando posse comprehendere, procul dubio aut
difficillimum aut impossibile existimo. Quod tamen a summe iusto summeque bono creatore rerum nulla eo bono ad
quod facta est, iniuste privetur, certissime est tenendum;
et ad idem ipsum bonum est omni homini *toto corde, tota*

Mt 22, 37

*anima, tota mente* amando et desiderando nitendum.

## 75.

Sed in hac intentione humana anima nullatenus se poterit exercere, si desperet quo intendit se posse pervenire.
Quapropter, quantum illi est utile studium annitendi, tantum necessaria est spes pertingendi.

## 76.

Amare autem aut sperare non potest quod non credit.
Expedit itaque eidem humanae animae summam essentiam
et ea sine quibus illa amari non potest, credere, ut illa credendo tendat in illam. Quod idem apte breviusque signi-

## 74.

Welche Seelen aber ohne Zögern als solche zu beurteilen sind, die das, was zu lieben sie geschaffen sind, so lieben, daß sie es einmal genießen; welche hingegen als solche, die es so verachten, daß sie es immer zu entbehren verdienen; oder wie und auf welches Verdienst hin jene, die, wie es scheint, weder als liebende noch als verachtende bezeichnet werden können, der ewigen Seligkeit oder Unseligkeit zugeteilt werden: daß das einer der Sterblichen durch Erörtern erfassen könne, halte ich ohne Zweifel entweder für sehr schwierig oder für unmöglich. Daß jedoch keine vom höchst gerechten und höchst guten Schöpfer der Dinge jenes Gutes, für das sie geschaffen wurde, ungerechterweise beraubt wird, ist aufs bestimmte festzuhalten; und nach eben diesem Gute muß jeder Mensch „mit ganzem Herzen", „mit ganzer Seele", „mit ganzem Geiste" liebend und verlangend streben.

## 75.

Aber in diesem Streben wird die menschliche Seele sich keinesfalls üben können, wenn sie daran verzweifelt, dorthin kommen zu können, wohin sie strebt. So nützlich ihr daher der Eifer im Hinstreben ist, so notwendig ist (ihr) die Hoffnung hinzugelangen.

## 76.

Lieben aber oder hoffen kann nicht, was nicht glaubt. Es frommt mithin dieser menschlichen Seele, an die höchste Wesenheit und an das, ohne das diese nicht geliebt werden kann, zu glauben, auf daß sie daran glaubend nach ihr strebe. Eben das kann man, wie ich glaube, pas-

ficari posse puto, si pro eo, quod est credendo tendere in summam essentiam, dicatur credere in summam essentiam. Nam si quis dicat se credere in illam, satis videtur ostendere et per fidem quam profitetur ad summam se tendere essentiam, et illa se credere, quae ad hanc pertinent intentionem. Nam non videtur credere in illam, sive qui credit quod ad tenendum in illam non pertinet, sive qui per hoc quod credit, non ad illam tendit. Et fortasse indifferenter dici potest credere in illam et ad illam, sicut pro eodem accipi potest credendo tendere in illam et ad illam, nisi quia quisquis tendendo ad illam pervenerit, non extra illam remanebit, sed intra illam permanebit; quod expressius et familiarius significatur, si dicitur tendendum esse in *Op. omnia
p. 84* illam, | quam si dicitur ad illam. Hac itaque ratione puto congruentius posse dici credendum esse in illam quam ad illam.

## 77.

Credendum igitur est pariter in patrem et filium et eorum spiritum, et in singulos et simul in tres; quia et singulus pater et singulus filius et singulus eorum spiritus est summa essentia; et simul pater et filius cum suo spiritu sunt una eademque summa essentia, in quam solam omnis homo debet credere, quia est solus finis, quem in omni cogitatu actuque suo per amorem debet intendere. Unde manifestum est quia, sicut in illam tendere, nisi credat illam, nullus potest, ita illam credere, nisi tendat in illam, nulli prodest.

send und kürzer ausdrücken, wenn man anstelle von: glaubend nach
der höchsten Wesenheit streben, sagt: in die höchste Wesenheit hinein-
glauben. Denn wenn jemand sagt, er glaube in sie hinein, scheint er
zur Genüge anzuzeigen, daß er sowohl durch den Glauben, den er be-
kennt, nach der höchsten Wesenheit strebt, als auch das glaubt, was
zu diesem Streben gehört. Denn es scheint nicht in sie hineinzuglauben,
wer entweder das glaubt, was zu dem Streben nach ihr nicht gehört,
oder wer durch das, was er glaubt, nicht nach ihr strebt. Und vielleicht
kann man unterschiedslos sagen: glauben in sie hinein und zu ihr hin,
wie glaubend in sie hinein und zu ihr hin streben für dasselbe genommen werden kann; außer daß, wer immer strebend zu ihr gelangt ist,
nicht außer ihr bleiben, sondern in ihr verbleiben wird; was deutlicher
und vertrauter zum Ausdruck gebracht wird, wenn man sagt, man
müsse in sie hineinstreben, als wenn man sagt: zu ihr hin. Aus diesem
Grunde also meine ich, daß man passender sagen kann: man müsse in
sie hinein glauben, als zu ihr hin.

## 77.

Man muß also in gleicher Weise an den Vater und den Sohn und
ihren Geist und an jeden einzelnen und an die drei zusammen glauben,
weil sowohl der Vater für sich und der Sohn für sich und ihr Geist für
sich die höchste Wesenheit ist, als auch der Vater und der Sohn mit
ihrem Geiste zusammen ein- und dieselbe Wesenheit sind, an die allein
jeder Mensch glauben muß, weil sie das alleinige Ziel ist, das er in
jedem seiner Gedanken und Werke durch die Liebe anstreben muß.
Daher ist es offenbar, daß, wie keiner nach ihr streben kann, wenn er
nicht an sie glaubt, so es keinem nützt, an sie zu glauben, wenn er nicht
in sie hinein strebt.

## 78.

Quapropter, quantacumque certitudine credatur tanta res: inutilis erit fides et quasi mortuum aliquid, nisi dilectione valeat et vivat. Etenim nullatenus fidem illam, quam competens comitatur dilectio, si se opportunitas conferat operandi, otiosam esse, sed magna se quadam operum exercere frequentia, quod sine dilectione facere non posset, vel hoc solo probari potest, quia quod summam iustitiam diligit, nihil iustum contemnere, nihil valet iniustum admittere. Ergo quoniam quod aliquid operatur, inesse sibi vitam, sine qua operari non valeret, ostendit: non absurde dicitur et operosa fides vivere, quia habet vitam dilectionis, sine qua non | operaretur, et otiosa fides non vivere, quia caret vita dilectionis, cum qua non otiaretur. Quare si caecus dicitur non tantum qui perdidit visum, sed qui, cum debet habere, non habet: cur non similiter potest dici *fides sine* dilectione *mortua,* non quia vitam suam, id est dilectionem, perdiderit, sed quia non habet, quam semper habere debet? Quemadmodum igitur illa *fides, quae per dilectionem operatur,* viva esse cognoscitur, ita illa, quae per contemptum otiatur, mortua esse convincitur. Satis itaque convenienter dici potest viva fides credere in id in quod credi debet; mortua vero fides credere tantum id quod credi debet.

*Op. omnia*
*p. 85*

Iac 2, 20; 26

Gal 5, 6

# 78.

Darum wird, mit wie großer Gewißheit auch an eine so große Sache geglaubt wird, der Glaube unnütz und gleichsam etwas Totes sein, wenn er nicht durch die Liebe stark ist und lebt. Denn daß dieser Glaube, den die entsprechende Liebe begleitet, keineswegs müßig bleibt, wenn sich Gelegenheit zum Wirken darbietet, sondern sich durch eine große Häufigkeit von Werken übt, was er ohne Liebe nicht tun könnte, läßt sich schon allein dadurch beweisen, daß, was die höchste Gerechtigkeit liebt, nichts Gerechtes verachten, nichts Ungerechtes zulassen kann. Weil also das, was etwas wirkt, zeigt, daß ihm Leben innewohnt, ohne das es nicht wirken könnte, wird nicht ungereimt einerseits vom tätigen Glauben gesagt, daß er lebe, weil er das Leben der Liebe hat, ohne das er nicht tätig wäre, andererseits vom müßigen Glauben, daß er nicht lebe, weil er des Lebens der Liebe ermangelt, mit dem er nicht müßig wäre. Wenn daher nicht so sehr blind genannt wird, wer die Sehkraft verloren hat, sondern wer sie nicht hat, obwohl er sie haben muß[1]: warum kann nicht in ähnlicher Weise „der Glaube ohne" Liebe „tot" genannt werden, nicht weil er sein Leben, das ist die Liebe, verloren hat, sondern weil er sie nicht hat, die er immer haben muß? Wie also jener „Glaube, der durch die Liebe wirkt", als lebendig erkannt wird, so wird jener, der durch Verachtung müßig ist, als tot überführt. Somit kann recht zutreffend vom lebendigen Glauben gesagt werden, daß er an das glaubt, an was geglaubt werden muß, vom toten Glauben dagegen, daß er nur das glaubt, was geglaubt werden muß.

---

1. Siehe Boethius, *In Categorias Aristotelis*, Buch IV (Migne, *Patrologia Latina* 64, 269 f.).

# 79.

Ecce patet omni homini expedire, ut credat in quandam ineffabilem trinam unitatem et unam trinitatem. Unam quidem et unitatem propter unam essentiam, trinam vero et trinitatem propter tres nescio quid. Licet enim possim dicere trinitatem propter patrem et filium et utriusque spiritum, qui sunt tres: non tamen possum proferre uno nomine propter quid tres, velut si dicerem propter tres personas, sicut dicerem unitatem propter unam substantiam. Non enim putandae sunt tres personae, quia omnes plures personae sic subsistunt separatim ab invicem, ut tot necesse sit esse substantias quot sunt personae; quod in pluribus hominibus, qui quot personae tot individuae substantiae sunt, cognoscitur. Quare in summa essentia sicut non sunt plures substantiae, ita nec plures personae.

*Op. omnia*
*p. 86*
Si quis itaque inde velit alicui loqui: quid tres dicet esse patrem et | filium et utriusque spiritum, nisi forte indigentia nominis proprie convenientis coactus, elegerit aliquod de illis nominibus, quae pluraliter in summa essentia dici non possunt, ad significandum id quod congruo nomine dici non potest; ut si dicat illam admirabilem trinitatem esse unam essentiam vel naturam et tres personas sive substantias? Nam haec duo nomina aptius eliguntur ad significandam pluralitatem in summa essentia, quia persona non dicitur nisi de individua rationali natura, et substantia principaliter dicitur de individuis, quae maxime in pluralitate consistunt. Individua namque maxime substant, id est subiacent accidentibus, et ideo magis proprie substantiae nomen suscipiunt. Unde iam supra manifestum est summam essentiam, quae nullis subiacet accidentibus, proprie non posse dici substantiam, nisi substantia ponatur pro essentia. Potest ergo hac necessitatis ratione irre-

# 79.

Siehe, es leuchtet ein, daß es jedem Menschen frommt, an eine unaussprechliche dreifache Einheit und *eine* Dreiheit zu glauben. Und zwar „eine" und „Einheit" wegen der *einen* Wesenheit, „dreifach" aber und „Dreiheit" wegen der drei — ich weiß nicht was. Denn obgleich ich von Dreiheit sprechen kann wegen des Vaters und des Sohnes und des Geistes beider, die drei sind, so kann ich dennoch nicht mit *einem* Namen aussprechen, weswegen drei, wie wenn ich sagen würde: wegen der drei Personen, wie ich von der Einheit sprechen würde: wegen der *einen* Substanz. Denn man darf sie nicht für drei Personen halten, weil mehrere Personen alle so gesondert voneinander bestehen, daß es notwendig so viele Substanzen gibt, als Personen sind; was man bei mehreren Menschen erkennt, die so viele für sich bestehende Substanzen (sind), als Personen sind. Wie es daher in der höchsten Wesenheit nicht mehrere Substanzen gibt, so auch nicht mehrere Personen.

Wenn deshalb jemand mit einem anderen darüber sprechen wollte: was „drei" wird er den Vater und den Sohn und beider Geist nennen, wenn er nicht etwa, durch das Fehlen eines eigentlich zukommenden Namens gezwungen, einen aus jenen Namen wählt, die in der höchsten Wesenheit in der Mehrzahl nicht gesagt werden können, um das zu bezeichnen, was mit einem passenden Namen nicht gesagt werden kann; wie wenn er etwa sagt, jene wunderbare Dreiheit sei *eine* Substanz oder Natur und drei Personen oder Substanzen? Denn diese beiden Namen werden geeigneter gewählt, um die Mehrzahl in der höchsten Wesenheit zu bezeichnen, weil „Person" nur von der für sich bestehenden vernünftigen Natur und „Substanz" in erster Linie von den Individuen, die zumeist in einer Mehrzahl bestehen, ausgesagt wird. Die Individuen unterstehen nämlich, das heißt unterliegen zumeist den Akzidenzien und erhalten deshalb im eigentlichen Sinne den Namen „Substanz". Daher ist es schon oben (*s. K. 26*) offenbar (geworden), daß die höchste Wesenheit, die keinen Akzidenzien unterliegt, nicht im eigentlichen Sinne „Substanz" genannt werden kann, es sei

prehensibiliter illa summa et una trinitas sive trina unitas dici una essentia et tres personae sive tres substantiae.

## 80.

Videtur ergo, immo incunctanter asseritur, quia nec nihil est id quod dicitur Deus; et huic soli summae essentiae proprie nomen Dei assignatur. Quippe omnis qui Deum esse dicit, sive unum sive plures, non intelligit nisi aliquam substantiam, quam censet supra omnem naturam quae Deus non est, ab hominibus et venerandam propter eius eminentem dignitatem, et exorandam contra sibi quamlibet imminentem necessitatem. Quid autem tam pro sua dignitate venerandum et pro qualibet re deprecandum, quam summe bonus et summe potens spiritus, qui domi-

*Op. omnia*
*p. 87*

natur omnibus et regit | omnia? Sicut enim constat quia omnia per summe bonam summeque sapientem omnipotentiam eius facta sunt et vigent: ita nimis inconveniens est, si aestimetur quod rebus a se factis ipse non dominetur, sive quod factae ab illo, ab alio minus potente minusve bono vel sapiente aut nulla penitus ratione, sed sola casuum inordinata volubilitate regantur; cum ille solus sit, per quem cuilibet et sine quo nulli bene est et ex quo et per

Ro 11, 36;
1 Co 8, 6

quem et in quo sunt omnia. Cum igitur solus ipse sit non solum bonus creator, sed et potentissimus dominus et sapientissimus rector omnium: liquidissimum est hunc solum esse, quem omnis alia natura secundum totum suum posse debet diligendo venerari et venerando diligere, de quo solo prospera sunt speranda, ad quem solum ab adversis

denn, Substanz werde für Wesenheit gesetzt. Es kann also aus diesem notwendigen Grunde jene höchste und *eine* Dreiheit oder dreifache Einheit ohne Tadel als *eine* Wesenheit und drei Personen oder drei Substanzen bezeichnet werden.

## 80.

Es scheint also, ja es wird ohne Bedenken bejaht, daß einerseits das nicht ein Nichts ist, was Gott genannt wird, und andererseits dieser höchsten Wesenheit allein im eigentlichen Sinne der Name „Gott" beigelegt wird. Denn jeder, der sagt, daß Gott ist, sei es einer oder mehrere, versteht darunter nichts anderes als eine Substanz, die er über aller Natur, die nicht Gott ist, erachtet, die von den Menschen sowohl wegen ihrer überragenden Würde zu verehren, als auch gegen jede ihnen drohende Not anzurufen ist. Was ist aber, seiner Würde entsprechend, so sehr zu verehren und für jegliche Sache anzuflehen, wie der höchst gute und höchst mächtige Geist, der über alles herrscht und alles lenkt? Wie es nämlich feststeht (*aus K. 13*), daß alles durch seine höchst gute und höchst weise Allmacht geschaffen wurde und Bestand hat, so ist es allzu unangebracht, wollte man annehmen, daß er über die von ihm geschaffenen Dinge nicht herrsche, sei es, daß sie, obwohl von ihm geschaffen, von einem anderen, weniger Mächtigen oder weniger Guten oder Weisen, oder von keinerlei Vernunft, sondern von der alleinigen ungeordneten Wandelbarkeit der Zufälle gelenkt werde; während er allein es ist, durch den es jedem Dinge und ohne den es keinem wohl ergeht und aus dem und durch den und in dem alles ist. Da er also allein nicht nur der gute Schöpfer, sondern auch der mächtigste Herr und weiseste Lenker von allem ist, so ist es ganz gewiß, daß allein er es ist, den jede andere Natur nach ihrem ganzen Können liebend verehren und verehrend lieben muß, von dem allein Glück zu erhoffen, zu dem allein vor Unglück zu fliehen, zu dem allein für jede Angele-

fugiendum, cui soli pro quavis re supplicandum. Vere igitur hic est non solum Deus, sed solus Deus ineffabiliter trinus et unus.

genheit zu flehen ist. Wahrhaftig also ist dieser nicht nur Gott, sondern der alleinige Gott, unaussprechlich dreifaltig und *einer*.